Auf dem Rücken der Pferde liegt das Glück dieser Erde

700 Weisheiten
für alle Pferdefreunde

Genehmigte Lizenzausgabe für
Verlagsgruppe Weltbild GmbH,
Steinerne Furt, 86167 Augsburg

Gestaltung und Satz: Brit Schubert
Titelmotiv: Gabriele Boiselle
Bilder:
Archiv Boiselle / www.editionboiselle.de: 3, 7, 19, 32, 52, 74, 99, 109, 119, photocase: 4, 43, 126, 137, 148, Sabine Stuewer: 9, Angelika Schmelzer: 63, Irene Noll: 83

Printed in Italy

ISBN 3-8289-8118-6

Albrecht Behmel

Auf dem Rücken der Pferde liegt das Glück dieser Erde

700 Weisheiten
für alle Pferdefreunde

Weltbild

Inhalt

Vorwort

Immer wenn sich Menschen intensiv mit einem Thema auseinandersetzen, entstehen prägnante Formulierungen, witzige Ausdrücke und auch manchmal scharfe Worte, um anderen Leuten Ratschläge zu erteilen, um sich selbst über Niederlagen hinwegzutrösten, oder um anzugeben. Manchmal entstehen solche Aussprüche ganz nebenbei, werden mitgehört und dann weitererzählt, so dass am Ende niemand mehr genau weiß, wer das Wort ursprünglich prägte. In all dem liegt ein besonderer Reiz, denn man erkennt vieles in den Beobachtungen der anderen wieder. Wem etwa entstünde kein Bild im Kopf bei folgenden Worte des Xenophon, der vor weit über zweitausend Jahren schrieb:

»Das Pferd erhebt den Nacken und zäumt den Kopf voll prächtiger Wildheit bei, es wirft die Schenkel geschmeidig in die Höhe und trägt den Schweif hoch.«

Der Lauf der Zeit spielt keine Rolle, wenn es um die Freude am Pferd geht, und dies ist vielleicht das wertvollste Geschenk.

Die folgende Sammlung von Zitaten rund um das Thema »Pferd« umfasst eine große Spanne von bekannten Namen, wie Alfred Brehm, Heinrich Heine, François Robichon de la Guérinière, Friedrich von Schiller, Jacqueline Kennedy, Konrad Lorenz, Lester Piggott, Homer, Ludwig Uhland, Cervantes, Meister Kikkuli und Annette von Droste-Hülshoff – Männer und Frauen, die sich ein Leben lang mit Pferden befasst haben oder auch solche, die nur gelegentlich im Sattel saßen.

Die ausgewählten Zitate sind nicht streng chronologisch oder systematisch angeordnet wie für ein wissenschaftliches Werk, sondern stehen in loser Reihenfolge und enthalten einige der schönsten Stellen aus Dichtung und Erzählung, Lied und Sprichwort, so dass man die Sammlung einfach aufschlagen kann, um darin zu blättern. Dabei wurden vor allem Lieder und Gedichte aus Deutschland berücksichtigt, bei Sprichwörtern und Zitaten ist die Auswahl international.

Wer im Reitverein eine Rede halten möchte, wer ein Motto für sein Pferd oder eine Veranstaltung sucht, wer mehr darüber erfahren will, wie sehr das Pferd die Kultur und Mentalität der Menschen in den verschiedenen Ländern geprägt hat, der wird in diesem Buch sicher genauso fündig werden wie der flüchtige Leser auf seinen »hippischen« Streifzügen kreuz und quer durch die Jahrhunderte.

Albrecht Behmel

Die beste Medizin der Welt

Mehr als jede andere Kunst ist die hippische mit den Weisheiten des Lebens verbunden. Viele ihrer Grundsätze können jederzeit als Richtlinien für das Verhalten im Leben dienen. Das Pferd lehrt den Menschen Selbstbeherrschung, Konsequenz und Einfühlung in Denken und Empfinden eines anderen Lebewesens – es fördert also Eigenschaften, die für unseren Lebensweg außerordentlich wichtig sind.
Alois Podhajsky

Wenn dein Pferd nein sagt,
hast du entweder die Frage falsch gestellt
oder die falsche Frage gestellt.
Pat Parelli

Wir sind ein Teil der Erde,
und sie ist ein Teil von uns.
Die duftenden Blumen sind unsere Schwestern,
die Rehe, das Pferd, der große Adler
sind unsere Brüder.
Die felsigen Höhen, die saftigen Wiesen,
die Körperwärme des Ponys und des Menschen
– sie alle gehören zur gleichen Familie.
Häuptling Seattle

Wer einen Tag lang glücklich sein will,
der betrinke sich.
Wer eine Woche lang glücklich sein will,
der schlachte ein Schwein.
Wer einen Monat lang glücklich sein will,
der heirate.
Wer ein Leben lang glücklich sein will,
der werde Reiter.
China

Jeder, der um seine Würde besorgt ist,
ist gut beraten, sich von Pferden fernzuhalten.
Prinz Philip

Jedes Pferd denkt, dass sein
Reiter der schwerste ist.
Thomas Fuller

Was Diplomaten und Pferde verbindet,
ist die Angewohnheit im Stehen zu essen.
Unbekannt

Ein Kantergalopp ist Medizin
für alles Übel dieser Welt.
Benjamin Disraeli

Und eh das Herz mir dreimal schlug,
So saßen sie zu Pferde,
Und auf und davon im schnellen Flug,
Dass rings erbebte die Erde.
Nikolaus von Lenau

Ein Jockey schlug sein Pferd. Da drehte sich das Pferd zu ihm um und sagte: Warum schlägst du mich denn, hinter uns ist doch gar keiner!
Henny Youngman

Ist dein Pferd stützig, heftig, ungefügig,
so dürfen wir kecklich die Behauptung aufstellen,
dir gebricht es an liebenswürdigem Charakter
und richtiger Methode.
François Baucher

Früh morgens um vier,
eh die Hähne noch kräh'n,
da sattelt sein Ross der Ulan.
Volkslied

Du weißt dein schönstes Pferd
am besten abzurichten.
Johann Christian Günther

Wer je auf dem Rücken eines edlen Pferdes im Slalom um die aufgestellten Getreidehocken über die herbstlichen Stoppelfelder galoppierte, der wird nie etwas anderes seine Heimat nennen als Ostpreußen.

Marion Gräfin Dönhoff

Mancher kommt zu Pferd an und geht zu Fuß weg.

Sprichwort

Wenn Menschen einsam sind, wird der Hund zum Kamerad und das Pferd zum Freund, und es ist keine Schande, sie zu herzen und sie mit Liebesworten zu umhegen.

Lewis Wallace

Drum frisch, Kameraden, den Rappen gezäumt!

Friedrich von Schiller

Auch bin ich, ein Pferd zu spornen, Manns genug.

Johann Gottfried Herder

Angeborene erhabene Aktion zeigen zum Beispiel die Andalusier und Lipizzaner. Ermöglicht wird diese Eigenschaft durch eine kurze, steile Schulter, sowie durch Vordergliedmaßen mit kurzem Unterarm und langem Röhrbein, das dem menschlichen Mittelhandknochen vergleichbar ist.

Frank Starke

Was immer auch werde,
bleib treu dem Pferde.

Sprichwort

Nein, mein Herr, das Pferd ist ganz einfach müde am Ende der Etappe!

Obelix

Das Gras muss dem Pferd schmecken, nicht dem Reiter.

Sprichwort

Wo immer der Mensch auf seinem langen Weg zur Zivilisation einen Fußabdruck hinterlassen hat, da ist ein Hufabdruck direkt daneben.

Unbekannt

Als ich mir die Stute herausholte, sah ich, dass ihre Hufe die Form von Schnabelschuhen hatten. Auf allen vier Füßen waren die Eisen um mehrere Zentimeter nach oben gewölbt. Auf meine Frage, wie lange sie nicht in der Schmiede gewesen sei, antwortete der Kutscher, das könnten zwei oder drei Jahre sein, sie hätte ja bisher nie ein Eisen verloren. Das Pferd wurde herausgeholt und kam, wie auf rohen Eiern gehend, auf dem Stallgang auf uns zu. Der Großvater war entsetzt darüber, dass er diesen Zustand nie bemerkt hatte und sagte zu dem Kutscher: »Ernst, du bringst sie morgen zum Schmiedemeister und sagst ihm, er solle von jedem Huf zehn Zentimeter herunternehmen.« Darauf mischte sich meine Großmutter ein und sagte: »Kinder, ich rate euch, versucht es lieber erst an einem.«
Hans Graf von Lehndorff

Ewige Beweger, die alles bewegen.
Xenophon

Mit den Schwächen unserer Pferde müssen wir geduldig sein, so lange, bis sie Schritt für Schritt dahin kommen, unsere Anforderungen zu erfüllen.
E. F. Seidler

Das Pferd wäre eigentlich ein ganz hübsches Tier, sagte der Ochse, wenn es nur ein Paar Hörner hätte.
Sprichwort

Dorten stieg vom Pferd der König.
Heinrich Heine

Pferdelungen halten auch nicht ewig.
George Orwell

Futter: Teures Material, das sich in Pferdeäpfel verwandelt.
Unbekannt

Ein altes Pferd kennt seinen Weg.
China

Besser einen Mantel um die Schulter als des Doktors Pferd vor der Tür.
Irland

Wer die Wahrheit sagt, sollte sein Pferd gesattelt lassen.
Kaukasus

Als ich noch jung war, lebte ich von der Milch meiner Mutter, weil ich noch kein Gras fressen konnte. Am Tag rannte ich an ihrer Seite umher und nachts lag ich dicht bei ihr. Wenn es im Sommer heiss war, standen wir am Teich oder im Schatten der Bäume und wenn es kalt war, standen wir in einer Hütte im Wäldchen.
Black Beauty

Alle Fohlen kommen zur gleichen Zeit auf die Welt: nämlich immer dann, wenn es dir gerade überhaupt nicht passt.
Max

Das Pferd wird schon ziehen, wenn das Joch hält.
Sprichwort

Die Gespannpferde des Ramses waren schön und vollkommen in Bezug auf ihre erhabene Aktion, sie erschienen prächtig vor ihrem Herrn.
Phamnat

Ein Pferd muss fressen, wo es angebunden ist.
Türkei

Was ist der Unterschied zwischen einem Gebet in der Kirche und auf dem Rennplatz?
Auf dem Rennplatz meinst du es wirklich ernst.
Unbekannt

Ein Rennpferd ist keine Maschine.
Es ist wie ein Rennwagen.
Chris Pool

Mein Pferd war heute so langsam, dass es nachts auf Zehenspitzen in den Stall schlich.
Henny Youngman

Nur wenige Völkerschaften würdigen das Pferd, wie es gewürdigt zu werden verdient. Unter ihnen stehen die Araber, Türken und Perser obenan; dann folgen die Engländer und Spanier, hernach erst die Deutschen, Franzosen, Italiener.
Jakob Grimm

Ich war wohl fünf oder sechs, als ich mit Freunden das erste Mal auf einem Pferd saß.
Ich habe gelacht, bis ich runtergefallen bin.
Lesley Eden

Ein Mann kam auf einer sechsjährigen Stute zum Rennen, die noch nie gelaufen war. Sie gewannen deutlich. Den Stewards kam die Sache komisch vor und sie fragten den Mann: Ist mit dem Pferd alles in Ordnung? Natürlich sagte der. Ja, warum war sie dann noch nie hier? Weil es fünf Jahre gedauert hat, das Biest einzufangen.

Joe Palmer

Du darfst traurig sein und deiner Traurigkeit Tränen geben. Tränen sind wie die Sporen, die man dem Pferd gibt, damit es schneller dahinfliegt.

Peter E. Schumacher

Ich habe ein neues Pferd. Wenn ich sie rufe, eine halbe Meile weg, mit nur einem Pfiff, dann kommt sie, weil sie weiß, dass ich mich um sie sorge.

Russell Crowe

Oliven in der Satteltasche

Schwarzes Pferdchen, großer Mond,
und Oliven in meiner Satteltasche.
Garcia Lorca

Das Pferd, das den meisten Hafer bekommt,
hat die meiste Lust, den Reiter abzuwerfen.
Sprichwort

Man muss kein Pferd füttern oder tränken, solange es noch erhitzt ist, sondern warten, bis es ein wenig verblasen und sich abkühlet. Man muss Acht haben, dass ein Pferd nicht etwa Lehm oder Erde oder feuchtes Stroh fresse, denn solches würde ihm über die Maßen schädlich sein.
Roßarznei aus dem Jahr 1750

Das Pferd zieht nicht, aber der Hafer.
Belgien

Es kam ein Reiter geflogen,
Die Locken, sie wehten im Wind,
Hei, bist du mir heut' noch gewogen,
Herzallerliebstes Kind?
Otto Roquette

Auf ein neues Pferd einen alten Reiter.

Portugal

Das Pferd zieht lieber neun Menschen, als dass es einen auf dem Rücken trägt.

Sprichwort

Schnelligkeit ist Ausdauer.

Frankreich

Die Pferdewetten gehören so vollständig zu unseren modernen Gewohnheiten, dass die Rennen ohne sie nicht weiter bestehen könnten. Mit ihnen würde dann aber auch der nicht zu bezweifelnde Gewinn verschwinden, den die Zucht und die nationale Entwicklung der Pferderassen aus den Rennen ziehen.

Charton de Meur

Alte Pferde gehen nicht durch.

Sprichwort

Jeder Wissende irrt sich,
und jedes edle Pferd stolpert.

Aus dem Orient

Bergab leite mich, bergauf schone mich, in der Ebene brauche mich.

Deutschland

Es war eiskalt; meine verklommenen Hände konnten kaum den Zügel halten, und ich verdachte es nicht den Krähen und Möwen, die sich fortwährend krächzend und gackernd vom Sturm ins Land hineintreiben ließen. Die Nachtdämmerung hatte begonnen, und schon konnte ich nicht mehr mit Sicherheit die Hufe meines Pferdes erkennen; keine Menschenseele war mir begegnet, ich hörte nichts als das Geschrei der Vögel, wenn sie mich oder meine treue Stute fast mit den langen Flügeln streiften, und das Toben von Wind und Wasser. Ich leugne nicht, ich wünschte mich mitunter in sicheres Quartier.

Theodor Storm

Besser ein gutes Pferd als neun schlechte.

Estland

Beim Reiten lernt man das Pferd kennen, beim Reden den Menschen.

Sprichwort

Besser ein **Esel,** der dich trägt,
als ein Pferd, das dich abwirft.
Irland

Wenn man das Pferd zu der **Haltung** bringt, die es selbst annimmt, wenn es schön sein will, so macht man, dass das Pferd des Reitens froh wird.
Xenophon

Alte Pferde haben **steife Beine**.
Sprichwort

Den Pferden, den braven,
Gebührt auch der Dank,
Denn sie gaben voll Kraft das Glück ihren Reitern.
Nun stehen auch sie sicher im Stall,
Dürfen sich ausruhn von herrlicher Jagd.
Doch hören im Traum noch sie das Geläut,
Und der Hörner Klang, wie zur Mittagszeit.
Reiterlied

Du sollst für den Menschen eine **Quelle des Glücks** und **des Reichtums** sein.
Mohammed

Jeder, der mit Pferden zu tun hat, wird bald bemerken, dass es kaum ein Pferd ohne Untugenden gibt. Das ist sehr betrüblich!

Reginald S. Summerhays

Wohl tausend Pferd und keinen Reiter!
Wie flattern ihr Schweif' und Mähnen,
Wie sich die Nüstern schnaubend dehnen!
Noch hat sie kein Gebiss entehrt,
Kein Eisen ihren Huf verwehrt,
Kein Sporn hat ihre Haut zerfetzt,
Kein Peitschenhieb sie je verletzt.
So kommen sie herangezogen,
Als ob sie uns begrüßen wollten,
Gleichwie vom Ozean die Wogen,
Laut donnernd an die Küste rollen.

Lord Byron

Die Erde wäre ein Nichts ohne den Menschen, aber der Mensch wäre ein Nichts ohne das Pferd.

England

Altes Pferd bekommt der Schinder.

Sprichwort

Es ist an der Zeit, dass die zweckfreie Liebe zum Pferd, als einem Geschöpf Gottes, die Oberhand gewinnt.

Fritz Thiedemann

Erschreckend ist das mächtige Rossewiehern. Voll Kraft stürzt es den Geharnischten entgegen. Es scheut nicht und fliehet nicht vor dem Schwerte. Auf ihm klirrt Köcher und Speer und die blitzende Lanze. Tobend mit Ungestüm scharret es den Boden, stehet nimmer still bei der Trompete Klang.
Von ferne wittert es den Streit, der Führer Donnerruf, das Schlachtgeschrei.

Hiob

Ich helfe nicht Leuten, die ein Pferdeproblem haben, sondern Pferden, die ein Leuteproblem haben.

Nicholas Evans

Wer nicht schon von Kindesbeinen an im Sattel gesessen hat, für den sind die ersten Reitversuche eine harte Prüfung.

Alwin Schockemöhle

Wenn ich immer ehrlich gearbeitet habe, wird mich mein Pferd bis ans Ende der Welt tragen.
E. F. Seidler

Ein edles Pferd macht sich von
Zaum und Zügel frei.
Daniel Caspar von Lohenstein

Hör, lieber Schmied, nu lass dir sagen:
Du sollst meim Ross vier Eisen aufschlagen!
Beschlag mirs wohl und bschlag mirs eben!
Ich will dir guten Lohn drum geben.
Volkslied

Am nächsten Morgen habe ich meiner Frau von der Reise erzählt. Mit wenigen Worten brachte sie mich dazu, ihr ein Pferd zu mieten, damit sie mich auf der Fahrt begleite.
Samuel Pepys

Alte Diener, Hund und Pferd
sind bei Hof in gleichem Wert.
Sprichwort

Jetzt galt es. Ich musste das Geheimnis anwenden. Darum legte ich meinem Rappen die Hand zwischen die Ohren und rief seinen Namen Rih! Einen Augenblick lang war es, als ob der Hengst starr in der Luft hängen bleibe; dann ließ er ein lautes Wiehern hören und – nun, es ist eben nicht zu beschreiben, welche rapide Schnelligkeit ein solches Pferd bei Anwendung des Geheimnisses entwickelt. Ein anderer als ich, der ich mein Tier gewöhnt war, hätte die Augen schließen müssen, um nicht aus dem Sattel zu taumeln.

Karl May

Ein Pferd wird nicht nach dem Sattel beurteilt.

Belgien

Alle zu gleich! rief der Bauer, da hatte er nur ein Pferd vor dem Wagen

Sprichwort

Lass nicht die Beine baumeln, ehe du auf dem Pferd sitzt.

Türkei

Hingegen ist es eine germanische Besonderheit, auch auf Vorzeichen und Hinweise von Pferden zu achten. Auf Kosten der Allgemeinheit hält man in den erwähnten Hainen und Lichtungen Schimmel, die durch keinerlei Dienst für Sterbliche entweiht sind. Man spannt sie vor den heiligen Wagen; der Priester und der König oder das Oberhaupt des Stammes gehen neben ihnen und beobachten ihr Wiehern und Schnauben. Und keinem Zeichen schenkt man mehr Glauben, nicht etwa nur beim Volke: auch bei den Vornehmen, bei den Priestern; sich selbst halten sie nämlich nur für Diener der Götter, die Pferde hingegen für deren Vertraute.
Tacitus

Beide schweben sozusagen in der Luft,
sind bereit, davon zu fliegen.
James Fillis

Ein wildes Ross ist Leben,
Die Hufe Funken geben,
Wer's ehrlich wagt, bezwingt es,
und wo es tritt, da klingt es!
Joseph von Eichendorff

Der Wunsch, ein Tier zu halten,
entspringt der Sehnsucht des Kulturmenschen
nach dem verlorenen Paradies.

Konrad Lorenz

Er kauert wie ein Affe auf dem Pferderücken und sitzt mit hochgezogenen Knien auf den Schultern des Pferdes. Dem Vorteil der völligen Entlastung des Pferderückens, der sich frei wölben kann, steht als Nachteil die geringe Einwirkung des Reiters gegenüber.

Die Londoner Times über Tod Sloan

Ein Reiter ohne Pferd ist nur ein Mensch.

Österreich

Niemand tut meinem Pferd was!

Frank T. Hopkins

Pferde: Einem jeden, der sie reitet,
naht sein Glücksstern sich im Raum.
Leid verweht - das Leben gleitet,
leicht dahin - ein schöner Traum.

Páll Ólafsson

Was Pferde unter Zwang tun, wird nicht anmutig aussehen. Schließlich peitschen wir auch die Tänzer und Musikanten nicht. Viel eher würde jeder, dem das widerfährt, eine schlechte Figur machen, sei es ein Pferd oder ein Mensch. Das Pferd muss vielmehr alle seine schönsten und prächtigsten Leistungen aufgrund von Hilfen freiwillig vorweisen.
Xenophon

Wenn ich ein Pferd kaufe oder zur Verfügung gestellt bekomme, habe ich keine Erwartungen, denn die setzen nur unnötig unter Druck.
Nicole Uphoff

Das Pferd hat vier Beine und
kann doch stolpern.
Dänemark

Sie kamen in drei Wochen
geritten in das Land,
Zu Nibelungens Burgen,
wohin man sie gesandt.
Nibelungenlied

Wie war noch mal der Unterschied zwischen einem Sattel und einem Katapult?
Unbekannt

Man hörte der stampfenden Pferde
fernes Getöse sich nah'n,
man hörte den rollenden Wagen.
Johann Wolfgang von Goethe

Man darf nicht zulassen, dass im Orchester der Hilfen Zügel und Gerte die ersten Geigen spielen, während der Sitz nur wie die Pauke ganz selten zum Einsatz kommt.
Otto de la Croix

Ein Kleid, ein Schwert, ein Pferd
und einen Gott!
Was brauch ich mehr?
Gotthold Ephraim Lessing

Vier Glücksbringer an den Füßen

Es ist gemein: Die Hufeisen bringen scheints nur meinem Pferd Glück, nicht mir.

Unbekannt.

Das Pferd verweigert niemals einen Galopp zum Stall.

Nigeria

Mit Gott spreche ich Spanisch, Italienisch zu Frauen, Französisch mit Männern, aber Deutsch mit meinem Pferd.

Kaiser Karl V.

Saschas Vater
war ein Pferdehändler,
der auch reiten lehrte:
In der Stunde zehn Kopeken,
Sascha musste Pferde pflegen.

Kinderlied

Du kannst dein Pferd zur Tränke führen, aber zum Trinken zwingen kannst du es nicht.

John Heywood

Ein gutes Pferd grast niemals da,
wo es gelaufen ist.
China

Das Pferd ist gut, die Peitsche sei noch besser.
Sprichwort

Ein Pferd ist an beiden Enden gefährlich
und unbequem in der Mitte.
Ian Fleming

Wettkämpfe sind etwas für Rennpferde,
aber nichts für Künstler.
Béla Bartók

König Alexander von Makedonien hatte ein bemerkenswertes Pferd. Es hieß Bukephalos, entweder aufgrund seines Charakters oder weil sein Kopf wirklich dem eines Bullen glich. Bukephalos duldete außer Alexander niemanden auf seinem Rücken, wenn es die königlichen Decken trug, ansonsten aber durchaus. Als Bukephalos starb benannte Alexander eine Stadt nach ihm.
Plinius der Ältere

Die Hälfte der Niederlagen auf der Welt kommen daher, dass jemand sein Pferd beim Springen stört.
Julius Hare

Fremde Pferde laufen fast immer schneller.
Wales

Eine Fliege kann ein Pferd stechen und das Pferd quietscht, aber das eine ist dabei immer noch eine Fliege und das andere immer noch ein Pferd.
Samuel Johnson

Vor allem möchte ich nicht First Lady genannt werden, das klingt so nach Reitpferd.
Jacqueline Kennedy

Ach, Pferde! Symbol von aufstrebender Macht, kraftvoller Bewegung und Taten von Männern.
D. H. Lawrence

Menschen sehen auf Pferden besser aus als sie sind und in Wagen schlechter.
Marya Mannes

Dem Fuhrmann scheint's wenig, dem Pferd ist's genug.

Russland

Genau wie Pferde auch sind Trends leichter in die Richtung zu reiten, in die sie ohnehin gehen.

John Naisbitt

Es ist eine ausgesprochen schlechte Angewohnheit, wenn ein Pferd mit dem Schweif schlägt, vor allem im Regen.

Gaspard de Saunier

Nichts ist für das Innere eines Mannes so gut wie das Äußere eines Pferdes.

Ronald Reagan

Schau dir die Leute an, die sind verrückt nach Autos, und wenn sie ein nagelneues Auto haben, dann wollen sie es sofort verkaufen und gegen ein noch neueres eintauschen. Siehst du, ich mag nicht mal alte Autos. Ich hätte viel lieber ein gottverdammtes Pferd. Pferde sind wenigstens menschlich.

J. D. Salinger

Ein Pferd, ein Pferd, mein Königreich für ein Pferd!
Richard III. , Shakespeare

Du hast nur Sekundenbruchteile für deine Entscheidungen.
Cindy Noll

Das Pferd stirbt, der Sattel bleibt.
Sprichwort

Einen guten Sitz kann man gar nicht hoch genug schätzen. Der richtige Sitz ist wichtiger als alle anderen Hilfen, daher sollte man ihn pflegen. Daher kann ich sagen: wer auf dem Pferd nicht schön sitzt, sitzt auch nicht gut.
William Cavendish

Ich billige keinen Sitz, der dem eines Mannes auf einem Stuhl gleichkommt.
Xenophon

Auch ein altes Pferd hat seine Eigenschaften.
Albanien

Mancher zog ein Füllen auf, das ihn dann schlug.

Sprichwort

Die Zeit ist ein Ross,
das in unserem Herzen läuft,
ein Ross ohne Reiter auf einer nächtlichen Straße
und unser Geist hört schweigend zu,
wie es vorüberzieht.

Wallace Stevens

Das Pferd hat trotz all seinem Leid
das süße Blut des Paradieses bewahrt.

Johannes Jensen

Wild wie das Feuer und schnell wie der Wind.

A. L. Gordon

Menschen spricht man von vorne an,
Pferde von hinten.

Sprichwort

Die Kutsche ruht im Winter,
der Schlitten im Sommer, das Pferd nie.

Jiddisches Sprichwort

Ihr Rösser! Hat der Wirbelwind ein Heim in euren Mähnen?

Nikolai Gogol

Wenn ein Pferd störrisch ist, weil es zu sehr gescholten und gegängelt wurde, muss man ihm mit so viel Sanftheit begegnen, als sei es ein Fohlen.

Mongolei

Auf! Sattelt mir mein Pferd,
Und legt darauf den Mantelsack,
So reit' ich hin und her,
Als Jäger aus Kurpfalz.

Volkslied

Ihre Pferde waren von großer Gestalt, stark und gut gebaut. Ihr graues Fell glänzte und ihre langen Schweife flogen im Wind, aber die Mähnen lagen geflochten auf ihren stolzen Hälsen.

J. R. Tolkien

Frage mich, was lebendige Poesie ist, und ich zeige dir ein Pferd in vollem Lauf.

Unbekannt

Du kannst einen Mann haben oder eine Frau, einen Hund und eine Kuh, aber du wirst immer noch von einem Pferd träumen.

Magic Pony

Pferde werfen einen Prinzen genauso ab wie einen Knecht.

Ben Johnson

Sankt Georg, heil'ger Reitersmann,
Fürsprech' der Hengste und Stuten,
Ich flehe dich von Herzen an,
Hilf auch mir zum Guten.

Reitergebet

Wenn du mit dem Wind reitest
und du hörst ihn trotzdem in deinen Ohren,
dann weißt du, dass du ganz schön schnell bist.

Larry Haynes

Wenn du nicht genug Geld für ein Pferd hast aber trotzdem keinen Hund haben willst, dann kauf dir einen Appaloosa.

Amerika

Wenn wir reiten, dann leihen wir uns die Freiheit.
Helen Thompson

Es gibt Momente, in denen du deinem Pferd vertrauen kannst, Momente, in denen du das besser nicht tun solltest und dann Momente, in denen du es einfach musst.
Sprichwort

Das Pferd ist des Hauses Stütze.
Sprichwort

Aber Falada sah das alles an und nahm es wohl in Acht. Die Kammerfrau stieg nun auf Falada und die wahre Braut auf das schlechte Ross, und so zogen sie weiter, bis sie endlich in dem königlichen Schloß eintrafen. Da war große Freude über ihre Ankunft, und der Königssohn sprang ihnen entgegen, hob die Kammerfrau vom Pferde und meinte, sie wäre seine Gemahlin: sie ward die Treppe hinaufgeführt, die wahre Königstochter aber musste unten stehen bleiben.
Grimms Märchen

Das Pferd läuft, soweit der Strick reicht.
Sprichwort

Pferde verleihen uns die Flügel,
die wir brauchen.
Unbekannt

Gib einem Pferd, was es braucht,
und es wird dir sein Herz schenken.
Unbekannt

Wer fleißig ist wie eine Biene, Kräfte hat wie ein Stier, rackert wie ein Pferd, abends isst wie ein Hund, sollte schleunigst zum Tierarzt gehen: Vielleicht ist er ein Kamel!
Unbekannt

Ich habe ein wunderbares Pferd, es hat die Leichtigkeit des Windes und des Feuers Hitze, aber wenn sein Reiter es besteigt, ist seine Sanftmut nichts als die Ruhe vor dem Ausbruch des Sturmes.
William Shakespeare

Eine gute Sache,
wenn man reiten kann …

Ohne Gras kein Spaß!
Sprichwort

Man kann auf tausend Arten verlieren, aber gewinnen nur so: du musst als erster durchs Ziel.
Bill Mott

Vier Sachen sind höher als alles andere: Frauen, Pferde, Macht und Krieg.
Rudyard Kipling

Männer machen sich in der Regel mehr Sorgen um die Dressur ihrer Pferde als um die Erziehung ihrer Kinder.
William Penn

Auf allen Pferden gerecht wie ein Postsattel.
Sprichwort

Man erkennt den Pferdebesitzer am Inneren seines Autos: Stiefel, Matsch, Pellets, Stroh, eine verdreckte Öljacke, die unglaublich alt ist und darüber eine Schicht von Kindern und Hunden.
Helen Thompson

Wenn du Angst davor kriegst, dich zu verletzen, wirst du dich verletzen. Wenn du dir wegen der Gefahr Sorgen machst, ist es Zeit aufzuhören.
Jason Weaver

Eine fette Sau ist immer besser als ein fettes Pferd.
Sprichwort

Das Pferd ist zum Arbeiten geschaffen, aber nicht, um geplagt zu werden.
Sprichwort

Weil sie lange Stunden im Sattel saßen, hatten sie viel Zeit nachzudenken. Deshalb glauben so viele Cowboys, dass sie Philosophen sind.
C. M. Russel

Das Äußere eines Pferdes hat etwas an sich, was dem Inneren eines Menschen wohltut.
Winston Churchill

Wer ein Pferd hat und läuft, ist selbst schuld.
Mongolei

Dort musst du Rosse und Wagen ganz dicht heranlenken, haarscharf vorbei, und dich selber im festen Riemengeflecht des Wagens ein wenig nach links lehnen; aber das rechte Pferd musst du mit Hieben und lautem Zuruf anspornen und seine Zügel in deinen Händen lockern. Doch dein linkes Pferd soll haarscharf an der Wendesäule vorbeifahren, so dicht, dass es dir vorkommt, die Nabe des festen Rades streife den Rand des Pfahls, aber hüte dich davor, den Stein zu berühren. Sonst wirst du die Rosse verletzen.
Nestor

Auch ein edles Rennpferd wird im Alter eine Kracke.
Sprichwort

Weltranglisten-Erster zu sein - vor ein paar Jahren hätte ich noch nicht für möglich gehalten, dass so etwas passiert, aber sicherlich habe ich dies nicht nur der Qualität sondern auch der Quantität meiner Einsätze zu verdanken. Wer hat schon drei, vier richtig gute Pferde zur Verfügung? Die wenigsten noch nicht einmal zwei gleichwertige.
Markus Fuchs

Die Pferde kommen als Pferd auf die Welt und sterben auch als Pferd.

Spanien

Wenn Menschen denken, dass Pferde nicht fühlen können, so müssen Pferde fühlen, dass Menschen nicht denken können.

Deutschland

Geborgtes Pferd und deine eigenen Sporen machen die Meilen kurz.

Dänemark

Wenn Gott das Pferd nicht erfunden hätte, hätten es die Iren für ihn getan.

Irland

Der Reiter und sein geschwindes Ross,
Sie sind gefürchtete Gäste;
Es flimmern die Lampen im Hochzeitschloß,
Ungeladen kommt er zum Feste.
Er wirbt nicht lange, er zeiget nicht Gold,
Im Sturm erringt er den Minnesold.

Friedrich von Schiller

Das Pferd kann eher Hunger als Durst ertragen.
Christian Lamparter

Die Verwendung eines wollenen Lappens nach beendetem Putzen erhöht den Glanz des Fells.
Heinz Pollay

Natürlich gehörte es an einem solchen Ort, an dem das Tun und Treiben jedes einzelnen ausschließlich durch die Pferde bestimmt war, unbedingt dazu, dass man selber ritt.
Hans Graf von Lehndorff

Dieses Pferd hat so einen abwesenden Blick. Ich bin sicher, es trägt dich in scheußliche Gegenden, aus denen manchmal nur einer von beiden zurückkommt.
W. S. James

Von den Weichteilen sind die Lippen der Pferde gegenüber denen der Wiederkäuer sehr fein beweglich und verraten ihre Verwandtschaft mit dem Tapirrüssel.
Alfred Brehm

Das Beste, was man mit seinen Süßigkeiten tun konnte, war die Pferde damit anzulocken.
Bill Craig

Die Götter haben dem Menschen die Fähigkeit verliehen, seinesgleichen mit Hilfe der Worte in seine Pflichten zu unterweisen, aber es ist unbestreitbar, dass man ein Pferd nichts mit Worten wird lehren können.
Kasachstan

Nun steig ich von dem Rößlein,
und lass das Traben sein.
Volkslied

Vertraue nie einem Cowboy, der sein Pferd nicht erfolgreich belügen kann.
Sprichwort

Die Reitkunst scheint nur Übung zu verlangen. Jedoch ist die Übung ohne wahre Grundsätze nichts als Routine, deren Früchte Anstrengung, unsichere Ausführung und falsche Juwelen sein werden, mit denen man die Halbkenner beeindrucken kann.
François Robichon de la Guérinière

Ich reite meine Pferde eigentlich nur vor dem Turnier auf Kandarre und das auch nur, weil es Sinn macht, bei der Generalprobe auch so zu reiten wie in der Prüfung. Am liebsten ist mir aber ein gewöhnliches Trensengebiss.

Ulla Salzgeber

Was ein Pferd tötet, ist die Geschwindigkeit.

England

Das Pferd kennt seine Stärke nicht.

Türkei

Ich bin bekloppt, einfach total verrückt nach Pferden.

Henning Rathjen

Die Frage, ob der Mensch sich zuerst auf das Pferd setzte oder es vor ein Gefährt spannte, um sich seiner Kraft zu bedienen, ist ein Streit der Gelehrten um des Kaisers Bart.

Hans Frömming

Die beste Belohnung ist immer, wenn du dein Pferd nach einer guten Leistung ausruhen läßt.

Xenophon

Die wiehernden Rosse, sie stampfen,
Die Birken, die wiegen sich lind,
Die Fähnlein auf den Lanzen,
Flattern im Morgenwind.

Reiterlied

Um die Tochter zu bekommen, musste der Mann ein paar Pferde mitbringen. Er bewies damit, dass er Respekt hatte und dass er für die Frau sorgen könne. War er arm und trieb kein Pferd auf, so blieb doch eine Möglichkeit offen: Es gab eine eigens dafür vorgesehene Zeremonie mit dem Namen »Er liebte sie so sehr, wir gaben sie ihm«, und dann wurde die Hochzeit ebenso schön.

Häuptling Lame Deer

Unser Lehrer unter dem Sattel

Zwischen Mensch und Pferd gibt es ein Geheimnis.

R. S. Surtees

Es gibt immer genug Pferdeverstand auf der Welt, aber die Pferde haben eben den größten Teil davon.

Unbekannt

Der wahre Grund der Freude, wie sie aus dem Umgang mit Pferden erwächst, ist, dass sie uns Anmut, Schönheit, Geist und Feuer näherbringen.

Sharon Ralls Lemon

Gecken reiten meistens Schecken.

Sprichwort

Meine Pferde sind meine Freunde, nicht meine Sklaven.

Reiner Klimke

Habt ihr je ein unglückliches Pferd gesehen?

Dale Carnegie

Wirf dein Herz voraus und lass dein Pferd den Rest machen.

Sprichwort

Pferde sind für mich mehr als nur Fotomotive. Pferde bestimmen mein Leben und mein Schicksal. Ich werde getragen von einer Liebe zu diesen Geschöpfen, die mich immer wieder beflügelt, neue Motive und Blickwinkel zu finden.

Gabriele Boiselle

Ich kenne das Pferd nur zu gut. Ich habe Pferde in Kriegs- und Friedenszeiten gesehen, aber egal wann, auf einem Pferd ist es niemals bequem. Pferde denken sich immer tausend Sachen aus, um dich zu überraschen. Wenn du ein Nickerchen machen willst, beißen sie dich ins Bein. Pferde sind einfach zu kapriziös.

Mark Twain

Und Ross und Reiter
sah ich niemals wieder.

Friedrich von Schiller

Ein willig Pferd soll man nicht zuviel reiten.
Eduard Stieler

Das schlimmste, was dir im Leben passieren kann, ist, in jungen Jahren mit Erfolg auf ein Pferd gewettet zu haben.
Danny McGoorty

Denk, wenn wir von Rössern sprechen,
wie ihre Hufe sich ins Erdreich graben.
William Shakespeare

Lass uns über die Ohren unserer Pferde hinaus schauen, auf dass wir das Gute in unserem Nächsten sehen.
Unbekannt

Mein Pferd hat einen Schweif wie eine dünne schwarze Wolke, der heilige Wind bläst durch seine Mähne.
Navajo

Eulengeschrei bringt kein Pferd ums Leben.
Surinam

Ich glaube, dass weibliche Jockeys heute viel mehr Möglichkeiten haben, sich selbst zu beweisen als sagen wir vor 30 Jahren. Wir haben es immer noch schwer, aber wir haben wenigstens vernünftige Bedingungen heute.
Diane Crump

Man reitet nicht einfach auf dem Rücken eines Pferdes, man reitet auch dessen Geist.
Marty Mueller

Wenn ein Elefant etwas vergisst, geht er und fragt ein Pferd.
Aus dem Orient

Heutzutage hört man allenthalben, dieses oder jenes Pferd mache überhaupt keine Schwierigkeiten. Ich bin dann meist zu höflich um zu antworten: Dann bist du noch nicht so weit!
Otto von Monteton

Schau, dass die Gangarten rein sind, der Rest ist ganz leicht.
Nuno Oliveira

Das war dir eine Reiterey!
Am Geist, gedankenlos,
Am Körper, wie zerschlagen,
Ritt ich, wohin? Das war mir einerley!
Leopold Friedrich Günther von Göckingk

Kein Thron macht einen Prinzen majestätischer als ein schönes Pferd.
William Cavendish

Der Esel kommt mir vor wie ein Pferd ins Holländische übersetzt.
Georg Christoph Lichtenberg

Mit einem Stück Zucker weckt man die Aufmerksamkeit jedes Pferdes.
Reiterweisheit

Ein kleines Fohlen bewegt uns innerlich genau so wie ein Kind.
Thomas Kyd

Und mit ihren Hufen erschüttern sie das Land.
Vergil

Die Stute zog heimwärts geschwind
wie eine Schwalbe, sanft und elegant,
ich hatte eine solche Anmut nie
zuvor gesehen oder gar erträumt.
Richard Doddridge Blackmore

Ob du einem Pferd mit Liebe oder Angst begegnest, es ist unmöglich, sich seiner Gegenwart zu entziehen.
Mary Wanless

Pferde tragen die Geschichte der Menschheit auf ihrem starken Rücken.
Lucinda Prior Palmer

Das Pferd, das den Hafer verdient hat, bekommt ihn nicht immer.
Wales

Der beste Reitlehrer ist unter dem Sattel.
Max Walther

Gib keinem freien Ross die Sporen.
Sprichwort

Ihre Sehnen waren aus Eisen,
ihre Haut aus Samt, mutig wie das Feuer
und schnell wie der Wind.
Adam Lindsay Gordon

Ein Pferd bewundert seinen Stallgenossen nicht. Das soll nicht heißen, es gebe zwischen ihnen beim Rennen keinen Wettstreit, aber das bleibt ohne Folgen; wenn sie nämlich im Stall sind, wird das schwerfälligere und grobschlächtigere Pferd deshalb seinen Hafer nicht an das andere abtreten, wie die Menschen verlangen, dass man es bei ihnen tun sollte. Die Tugend jener ist sich selbst genug.
Blaise Pascal

Rote Husaren, die reiten,
die reiten niemals, niemals Schritt;
herzliebes Mädchen,
du kannst nicht mit.
Reiterlied

Immer wenn der Mensch aufbrach, um die Welt zu gewinnen, war das Pferd sein Freund und Begleiter.
Han Silvester

Es kommt überhaupt nicht darauf an, wer wann führt, ob bei Wahlen oder einem Pferderennen, es kommt nur darauf an, wer als erster durchs Ziel geht.

H. S. Truman

Man sagt, dass Prinzen kein Handwerk richtig lernen, außer der Kunst des Reitens, denn Pferde sind keine Schmeichler und werfen Prinz wie Knecht gleichermaßen in den Staub.

Ben Johnson

Nach Reitersbrauch ich reite,
Mein Rösslein in das Feld,
Tumm'l das auf grüner Heide,
Werf's rumm auf alle Seiten,
Mit Spornstreich mach' ich's springreich,
Das mir dann wohl gefällt.

Reiterlied

Das Pferd: Adel ohne Hochmut, Freundschaft ohne Neid, Schönheit ohne Eitelkeit, ein Diener, doch kein Sklave.

Unbekannt

Vor allem darf ein Pferd niemals aus schlechter Laune heraus bestraft werden, aus Ärger oder weil man beleidigt ist, sondern immer mit vollkommener Leidenschaftslosigkeit.

François Robichon de la Guérinière

Ein Mounty ohne Pferd ist nicht glücklich.

Kanada

Wer sein Pferd auf gebogenen Linien wendig und geschmeidig macht, ihm erlaubt, sich nach vorne zu dehnen, die Pferdefitness trainiert, ihm gestattet, den Rücken aufzuwölben und ab und zu über Cavaletti trabt, tut oft mehr Gutes für die Pferdegesundheit als jeder, der sein armes Tier im Dressursitz versammeln will.

Ida Cygon

Ein Pferd macht unsere Träume wahr, stark und schön zu sein.

Pam Brown

Ich reite, also bin ich.

Sprichwort

Gleich, wo du in England hingehst, überall, wo du natürliche, zufriedene und freundliche Menschen triffst, wirst du eines sehen: Der Stall ist der Mittelpunkt des Hauses.

George Bernard Shaw

Ich habe ein gelähmtes Kind gesehen, auf dem Pferd saß es und lachte. Ich habe ein Kind gesehen, das nur kriechen konnte, auf dem Pferd saß es aufrecht und gerade.

John Anthony Davis

Das Geheimnis des guten Reitens ist, wenig zu machen. Je mehr du tust, desto weniger Erfolg wirst du haben.

Nuno Oliveira

Pferderücken und andere Ehrenplätze

Er fiel aus gesundheitlichen Gründen vom Pferd.
Unbekannt

Wenn das Pferd satt ist, dann trauert es.
Sprichwort

Wer sein Huhn allein verspeist,
muss auch seinen Klepper allein satteln.
Frankreich

Die Arbeit soll dein Pferd sein,
nicht dein Reiter.
Iran

Wenn ein Fell über die Augen wachsen will, so nimm weichen Ingwer, schäle die Haut davon, stoße den inwendigen Kern und ungebrannte Alaun und Muschelschalen, von dem einen soviel als von dem anderen, wohl untereinander zu einem Pulver und streu es dem Pferd in die Augen.
Rossarznei aus dem Jahr 1750

Pferderücken – Ehrenplatz.
Italien

Das schnellste Pferd kann ein im Zorn gesprochenes Wort nicht einholen.

China

Kein müder Reiter steigt auf einen Esel, sowie er ein Pferd hat.

Portugal

Wer von der Stute schlecht spricht, der will sie kaufen.

Bauernregel

Jedes Pferd galoppiert auch ohne Peitsche, sowie es den Stall wittert.

Sprichwort

Wer weit zu reisen gedenkt, der muss sein Reittier schonen.

Racine

Wer die Wipfel der Bäume im Winde betrachtet oder das Pferd im Spiel, weiß um die Kunst des Tanzes.

Türkei

Ein braver Reiter und ein rechter Regen kommen überall durch.

Johann Wolfgang von Goethe

An einem edlen Pferd schätzt man nicht seine Kraft, sondern seinen Charakter.

Konfuzius

Die schönste Eroberung, die der Mensch jemals gemacht hat, ist die Zähmung des stolzen und feurigen Pferdes.

Le Cheval

Leicht kann der Hirt eine ganze Herde Schafe vor sich hertreiben, der Stier zieht seinen Pflug ohne Widerstand, aber dem edlen Pferde, das du reiten willst, muss du seine Gedanken ablernen, du musst nichts Unkluges, nichts unklug von ihm verlangen.

Johann Wolfgang von Goethe

Der Stall ist in unseren Breiten ein notwendiges Übel. Es gilt somit, die schädlichen Einwirkungen desselben nach Möglichkeit zu vermindern.

Carl Gustav Graf Wrangel

Wer sein Pferd nicht pflegt und nährt,
ist des Tieres nicht wert.
Sprichwort

Wohl auf, Kameraden, aufs Pferd, aufs Pferd!
Ins Feld, in die Freiheit gezogen.
Friedrich von Schiller

Hoppe hoppe Reiter,
wenn er fällt dann schreit er,
fällt er in den Graben,
fressen ihn die Raben;
fällt er in den Sumpf,
macht der Reiter plumps.
Kinderreim

Seitdem ich Pferde besitze, sagt mir ein jeder:
»Willkommen, Freundchen!«
Otto von Bismarck

Pferde können uns eine Welt von Wissen beibringen, doch am Anfang steht, ihm in die Augen zu schauen und zu verstehen: ich kann dir vertrauen.
Mary O'Hara

Wenn das Pferd zuviel gefressen hat, ist es faul.
Sprichwort

Es ist nicht gut, die Pferde zu wechseln, während man den Fluss überquert.
Abraham Lincoln

An jedem Tag musst du dein Pferd
von neuem erobern:
Durch Liebe und List,
Überlegung und Überlegenheit,
durch Gerechtigkeit und Mut,
durch Strafe und Lob, wo sie verdient sind.
Rudolf Binding

Wer plagt sein Pferd und Rind, hält's schlecht mit Weib und Kind.
Sprichwort

Das Pferd sagte, dass, wenn es den Wolf einmal fangen sollte, es ihn mit dem linken Fuß auf einen Streich auf den Grund der Hölle schleudern würde.
Fabel

Freunde und Pferde versagen auf schlechten Wegen.
Reiterweisheit

Mit wem das Pferd nie durchgeht, der reitet einen hölzernen Gaul.
Christian Friedrich Hebbel

Sage mir nicht, dass dieses Tier mein Pferd ist, sage, dass es mein Leben ist.
Cowboyspruch

Im Pferdehandel gibt es keine Freundschaft.
Sprichwort

Zwischen Zügel und Sporn ist Verstand von Nöten.
Karl Friedrich Wilhelm Wander

Ein Pferd, das unmittelbar vor dem Sprung stehen bleibt und seinen Reiter in einem schönen Bogen durch die Luft befördert, ist ein wunderbarer Grund für allgemeine Heiterkeit.
Prinz Charles

Spanische Pferde haben beim Laufen keine gewöhnliche Gangart , sondern einen geschmeidigen, versammelten Trab mit wechselndem Ausgreifen der Beine. Daher wird auch überliefert, die Pferde seien durch Kunst dazu angehalten, eine erhabene Aktion anzunehmen.

Plinius der Ältere

Der Grund für einen gestörten Gang ist fast immer ein Zuviel an reiterlicher Einwirkung.

Kurt Albrecht

Ungeduld ist ein schnelles Pferd, aber ein schlechter Reiter.

Serbien

Wer ein Pferd hat, hat den Schlüssel zur Welt.

Afrika

Wenn ein Indianer etwas Wichtiges vorhat, dann verspricht er seinem Pferd, es mit Erdfarben zu bemalen, wenn es ihn unterstützt, so dass alle sehen können, wie sein Pferd ihm geholfen hat.

Häuptling Brave Buffalo

Viele Leute trauern den guten alten Zeiten nach: Wo sind die Pferde geblieben? Aber ganz im Ernst: Heute, wo nur die Leute, die Pferde mögen, sich mit ihnen beschäftigen, geht es den Pferden wesentlich besser.

C. W. Anderson

Die meisten Leute reiten nicht, sie werden transportiert.

M. F. McTaggart

Der Weg menschlichen Ruhmes ist bedeckt von Pferdeknochen.

Unbekannt

Von einem Pferd geliebt zu werden, haben wir nicht verdient.

Marion Garretty

Ist das Pferd gut, genügt ein Gertenschlag.

Russland

Stiefel, Sattel und Pferd und auf und davon.

Robert Browning

Da war ein schnelles Reiten über **Feld** zu schaun.

Nibelungenlied

Ich kann's!

kürzester Reiterwitz

Ich mag lieber Fahrräder als Pferde, weil man die **Bremsen** besser überprüfen kann.

Lambert Jeffries

Zu Pferde! Komme in Sonne und Luft. Lass die Reitbahn mit Staub, Ecken und Enge den engeren Menschen. Komme auf freie, ewige Bahn, wo jungfräuliches Gras im Tau steht, Schatten des Laubes über deinen Weg tanzen, wo das Licht dich liebkost, wo der Wind dich umspielt, wo es **keine Grenzen** gibt, wo dein Herz weit wird und in das Grenzenlose seiner Herrschaft einreitet.

Rudolf Binding

Erfahrene Reiter geben nicht an, und die Anfänger? Die werden nach einer Weile schon **bescheiden.**

C. Mullen

Es genügt nicht, reiten zu können, man muss auch das Fallen beherrschen.

Mexiko

Besser demütig geritten als stolz zu Fuß gegangen.

Deutschland

Ein Mann zu Pferd ist auf eine spirituelle und auch körperliche Weise größer als ein Fußgänger.

John Steinbeck

Kein Ritt ist der letzte.

Monica Dickens

Wenn du ein Pferd kaufst, dann schließ die Augen und bete.

Toskana

Ein beherzter Griff in die Mähne

Das Pferd fürchtet keine großen Fuhren, es fürchtet häufige Fuhren.

Sprichwort

Das Pferd springt nur so hoch wie es muss.

Sprichwort

Warum ertragen Frauen mörderische Pferde in aller Ruhe, aber regen sich auf, wenn ihr Mann die Klobrille mal nicht wieder runterklappt?

Unbekannt

Das Wissen um die wahre Natur der Pferde ist die erste Grundlage der Reitkunst und jeder Reiter muss daraus sein Hauptfach machen.

François Robichon de la Guérinière

Warten Sie nur mal, bis er Ihnen auch auf dem Fuß steht!

Eddie

Das Pferd ist seines Herrn Ernährer.

Sprichwort

Das Pferd hat vorzeiten gesagt, dass es für seine große und schwere Arbeit als Lohn nichts anderes haben möchte als einen vollen Bauch und nette Hufeisen, die seinen Füßen nicht wehtun.

Sprichwort

Reiten ist Suche nach Schönheit, Geradlinigkeit und Wahrheit.

Nuno Oliveira

Ein Pferd kümmert sich nicht darum, wie viel du weißt, bis es weiß, wie sehr du dich kümmerst.

Sprichwort

Die Augen, umrahmt von einer traurigen und schönen Dunkelheit waren so tief, einsam und sanft, dass sie alle Gefühle erstickten, außer der Liebe.

T. H. White

Ein Königreich ohne Pferde war kein Königreich und ein König ohne Pferde war kein König.

Stan Steiner

Bilde sie aus, mache sie gehorsam, lass sie traben und behandle sie sachgemäß, wenn sie sich dir widersetzen.

Tutmosis III.

Ein Pferd im Wind – perfekte Symphonie.

Unbekannt

Der Tritt eines ruhigen Pferdes ist am stärksten.

Armenien

Ich möchte weiterreiten, so lange ich das körperlich aushalte und so lange ich es auch will.

Jo Black

Ein gutes Pferd ist niemals hässlich.

Sprichwort

Dass manche Menschen mit Pferden glücklich sind, ist mindestens genauso bemerkenswert wie die Tatsache, dass Pferde mit Menschen glücklich sein können.

Unbekannt

Ein guter Reiter tränkt, bevor er füttert.

Sprichwort

Ein Pferd sollte wie ein Gentleman behandelt werden.

Leland Stanford

Pferde und Hunde waren sicherlich die treuesten und engsten Gefährten des Menschen seit Anbeginn der Geschichte. Aber das Pferd war mit Sicherheit das nützlichere Tier: Beim Sport, in der Landwirtschaft, für den Transport und im Krieg. Das Pferd hat mehr zum menschlichen Wohlergehen beigetragen als alle anderen Tiere.

Prinz Philip

Staub wirbelt auf,
Dumpfes Prasseln der Hufe,
Von Mann zu Mann geht ein Lachen und Rufen,
Singend grüßt ein Reiter hell die Sonne.

Reiterlied

Pferde, die Trinker des Windes.

Iran

Das Pferd, das man nicht haben kann, hat immer einen Fehler.

Dänemark

Ein Pferd ist definitionsgemäß wunderbar.

Piers Anthony

Das Pferd ist das edelste, mutigste, stolzeste und mit Sicherheit das unmöglichste Tier, das jemals einen Menschen auf die Palme gebracht hat.

Anne McCaffrey

Ein guter Herr hat kein schlechtes Pferd.

Sprichwort

Ein Pferd kann seinem Reiter Schnelligkeit und Stärke verleihen, aber der kluge Reiter wird nie vergessen, dass es eben nur geliehen ist.

P. Brown

Ein Mann ohne Frau ist wie ein Pferd ohne Zügel.

China

Wenn Wünsche Pferde wären,
könnten Träumer reiten.
Sprichwort

Es besteht kein Zweifel daran, dass dies ein ganz besonderer Tag in meinem Leben war. Wie Sie vielleicht wissen, hatte ich das Pferd nach dem Tode meines Vaters geerbt und es ist schon etwas ganz Besonderes, als junger Mann einen Derbysieger zu besitzen. Dieses Pferd hat mit dem größten Abstand in der Geschichte des Derbys gewonnen.
Aga Khan

Mein Schatz ist ein Cowboy und er reitet Pferde zu. Aber er hat mir versprochen, dass er damit aufhört. Er hat seinen Sattel verkauft und seine Sporen dazu. Jetzt ist Schluß mit dem Reiten, hoffe ich.
Cowboylied

Mein Schatz ist ein Reiter,
Ein Reiter muss sein,
Das Ross ist des Kaisers,
Der Reiter ist mein!
Volkslied

Es ist nicht leicht, eine Kavallerieattacke anzuführen, wenn man befürchtet, dass man auf einem Pferd albern aussehen könnte.

Adlai E. Stevenson

Die Leute sollten weniger Zeit damit verbringen, ihren Pferden etwas zuzuflüstern, sie sollten es mal damit versuchen, den Pferden zuzuhören.

America's Horse Magazine

Das Benehmen deines Pferdes steht in direkt proportionaler Beziehung zu der Anzahl von Zuschauern.

Unbekannt

Die Leichtigkeit im Maul geht der Leichtigkeit des ganzen Pferdes voraus.

Salomon de la Broue

Wenn du dich so anstellst, als hättest du nur eine Viertelstunde Zeit, wird es den ganzen Tag dauern, aber wenn du dir einen Tag Zeit nimmst, hast du es in einer Viertelstunde geschafft.

Monty Roberts

Für jedes Gerstenkorn, das du deinem Pferd gibst, vergibt Gott dir eine Sünde.

Aus dem Orient

Im Walde läuft ein wildes Pferd, hat nie den Zaum gelitten.

Ludwig Uhland

Du wirst immer mehr Freude am Laufen haben, wenn du dabei ein Pferd zwischen den Knien hast.

Tex Bender

Wenn ich Reiter bin, werde ich Flügel haben.

Xenophon

Reiterei hat nicht nur mit körperlichen Fähigkeiten zu tun, sondern auch mit Gelehrsamkeit und daher auch mit Wissen und Intelligenz. Ein guter Reiter braucht einen guten Charakter, es geht also auch um Mentalität und Geist.

Charles de Kunffy

Hufabdrücke in meinem Herzen

Weit weit hinten in unserer schwarzen Seele trabt stolz ein Ross.

D. H. Lawrence

Wenn du jung bist und fällst vom Pferd, brichst du dir vielleicht etwas, aber in meinem Alter zerbrichst du in tausend Scherben.

Roy Rogers

Wenn das Pferd nämlich selber bei Pferden, insbesondere Stuten, Eindruck machen will, dann erhebt es den Nacken und zäumt den Kopf voll prächtiger Wildheit besonders bei, es wirft die Schenkel geschmeidig in die Höhe und trägt den Schweif hoch.

Xenophon

Wartet, nur wartet,
Abend wird's bald,
Die Sterne funkeln schon über dem Wald.
Und über die Wege voll Schnee und voll Eis,
Trabet ein Schimmel,
Der Hufschlag geht leis.

Volkslied

Nähere dich niemals einem Pferd von hinten, einem Bullen von vorne und einem Deppen von irgendwoher.

Cowboyregel

Die weiche Hand ist derart, dass sie fast keinen Kontakt zum Gebiss hat.

François Robichon de la Guérinière

Das Leben ist gut, mit Pferden noch besser.

Unbekannt

Wenn die Bäuerin vom Wagen steigt,
hat nicht nur das Pferd es leichter.

Russland

Pferde vertrauen Menschen,
aber wetten nicht auf sie.

Sprichwort

Männer wünschen sich eine Frau, mit der man Pferde stehlen kann. Frauen wünschen sich einen Mann, mit dem man sich ein Auto kaufen kann.

Anna Magnani

Dumme Pferde sind beschlagen,
dumme Reiter nicht.
Werner Mitsch

Wer dem Pferd seinen Willen läßt,
den wirft es ab.
Sprichwort

In England ist das Interesse an der Ungleichheit der Pferde weitaus größer als an der Gleichheit der Menschen.
Gilbert Keith Chesterton

Wer ein Pferd reitet, erkennt seine Art.
Sprichwort

Das Glück, kein Reiter wird's erjagen,
es ist nicht dort, es ist nicht hier.
Lern überwinden, lern entsagen,
und ungeahnt erblüht es dir.
Theodor Fontane

Hufabdrücke in meinem Herzen.
Unbekannt

Auf diesen Beinen kann ich nicht gehen,
nur reiten.
Mongolei

Hobbies sind Steckenpferde,
die den Reitern die Sporen geben.
Heinz Rühmann

Pferde erziehen dich ganz unmittelbar.
Sie schmieden deinen Geist, deinen Charakter,
deine Gefühle.
Charles de Kunffy

Jockeys sind Reiter, die manchmal früher über ein Hindernis kommen als das Pferd.
Danny Kaye

Ich hatte zweimal eine gebrochene Nase, auch Rippen, Hände und Finger und beide Knöchel habe ich mir gebrochen und das Schlimmste war in Ellis Park 1986, als ich mir den Rücken verletzt habe. Ich war 48 Stunden lang von der Hüfte abwärts gelähmt, und das spüre ich heute noch.
Mary Doser

Wer das Pferd unnötig treibt,
muss am Ende zu Fuß gehen.
Kasachstan

Auf ein ungezäumtes Pferd gehört ein alter Reiter.
Sprichwort

In der High School war ich für die meisten anderen Sportarten zu klein.
Bill Shoemaker

Mit Futter und Pflege
kommt man über Wege.
Beim Reiten Verstand,
trägt weit übers Land.
Reiterlied

Dan wird Richter sein in seinem Volke wie nur irgend ein Stamm in Israel. Dan wird eine Schlange werden auf dem Wege und eine Otter auf dem Steige und das Pferd in die Fersen beißen, dass sein Reiter zurückfalle. HERR, ich warte auf dein Heil!
Altes Testament, Erzvater Jakob

Das Pferd beim Zaume, den Mann beim Worte.
Sprichwort

An einem edlen Pferd schätzt man nicht seine Kraft, sondern seinen Charakter.
Konfuzius

Das Pferd denkt ein Ding, der es sattelt ein anderes.
Portugal

Das Pferd erkennt man am Kopf und am Schopf, den Narren an jedem losen Geschwätz.
Sprichwort

Um eine gute Hand zu bekommen, muss sie leicht, sanft und fest werden.
François Robichon de la Guérinière

Das besondere an diesem Sport ist der Zusammenhalt mit dem Partner Pferd. Schließlich beweisen die Pferde eine Menge Vertrauen, wenn sie eine schwere Strecke gehen und fremde Hindernisse überwinden.
Ingrid Klimke

In meinem alten Ausbildungsstall haben alle gesagt: Stell dein Pferd nicht auf die Weide – es fällt auseinander! Was für ein Blödsinn. Alle meine Pferde kommen auf die Weide oder ins Paddock.

Nicole Uphoff

Das Pferd hat seine Kräfte mit dem Wolf gemessen, Schweif und Mähne sind übrig geblieben.

Rußland

Sprich zu mir, oft ersetzt deine Stimme die Zügel.

Gebet eines Pferdes

Ich möchte einer werden so wie die,
die durch die Nacht mit wilden Pferden fahren,
mit Fackeln, die gleich aufgegangnen Haaren,
in ihres Jagens großem Winde wehn.

Rainer Maria Rilke

Das Pferd muss fressen, wo es angebunden ist.

Sprichwort

Der Schritt ist die Mutter aller Gangarten.

François Baucher

Das Pferd der Gemeinde hat
die stumpfesten Eisen.
Türkei

So leicht und fest war seine Hand:
Er ritt auf einem jungen Pferde,
Und mit nachlässiger Gebärde,
Erzwang er, dass es zitternd stand.
Hugo von Hofmannsthal

Das Pferd merkt auf den Ruf des Herrn,
aber nicht auf das Schelten des Fuhrmanns.
Sprichwort

Wenn ich auf der Tribüne von Epsom stehe, am ersten Mittwoch im Juni, ein paar Sekunden vor dem Start, dann ist das der spannendste Augenblick des ganzen Jahres. Dann wäre ich für kein Geld der Welt gerne woanders.
Fernando Savater

Das Pferd möchte ein Joch,
und der Ochse den Sattel.
Sprichwort

Er bildete Pferde heran, die ihresgleichen suchten. Sie ermüdeten nicht, wenn er ihre Zügel hielt und sie troffen nicht vom Schweiss im hohen Galopp.
über Amenophis II.

Das Pferd muss schleppen, was der Unverständige ihm auflegt.
Sprichwort

Ich habe mir zweimal in einem Jahr das Bein gebrochen, aber meine sechs Monate alte Tochter brauchte mich in einem Stück.
Traci Baird

Das Pferd schlägt aus und das Maultier schlägt aus; der Esel zwischen ihnen stirbt.
Türkei

Das Pferd stirbt, aber der Sattel bleibt.
Ungarn

Das Pferd schlägt nicht nach hinten aus, wenn es allein im Stall ist.
Sprichwort

Wer schenkt mir ein lebendiges Pferd!
Mein Schaukelpferd ist gar nichts wert,
es hat so steife Beine, es stampft nicht, frisst nicht,
wiehert nicht,
und macht solch ledernes Gesicht, und weiß nicht,
was ich meine.
Richard Dehmel

Das Pferd schleppt eine Fuhre, der Weg zwei.
Sprichwort

Lasst uns ein riesengroßes Pferd aus Holz zimmern, in dessen Versteck sich die edelsten Griechenhelden, so viele unser sind, einschließen sollen.
Odysseus

Das Pferd steht im Stalle des Sparsamen,
das Geld im Beutel des Schmiedenden,
das Korn im Kasten des Schaffenden.
Sprichwort

Es ist so einsam im Sattel, seit mein Brauner gestorben ist.
Cowboylied

In ihrer leuchtenden Schönheit
und Sanftheit erschien sie mir,
wie ein kostbares Wesen
auf dieser Wüsten Erde,
die seiner schlanken Fesseln
nicht würdig war.
Der prachtvolle Schweif
floss auf den Boden hernieder,
und die üppige Mähne
war ein Geschenk
der liebenden Mutter Natur.
Charles M. Doghty

Der Pferdedieb begann als Hühnerdieb.
Afrika

Eine ganz sichere Methode, ein fliehendes Pferd aufzuhalten, ist Geld darauf zu wetten.
Jeffrey Bernard

Wenn das Pferd vier Beine hat und ich draufsitze, dann kann ich, glaube ich, gewinnen.
Charles Caleb Colton

Das ist die vollkommenste Zusammenstellung eines gut durchgebogenen Pferdes: selbst die Rippen, Rückenwirbel, Hanken und Sprunggelenke sind biegsam; die letzteren treiben das ganze Pferd mit grosser Kraft vorwärts; die freigemachten Schultern sind unbehindert und greifen weit aus; der Hals ist hoch aufgerichtet, und im Maul gibt das Pferd dem Fingerspiel mit Leichtigkeit nach; alle Körperteile des Pferdes beeifern sich, ein energisches, harmonisches und ungezwungenes Ganzes zu bilden.

James Fillis

Behandle dein Pferd wie eine Dame und deine Dame wie ein edles Ross und beide werden für dich gewinnen.

Elizabeth Arden

Das Pferd trägt nicht, wenn der Weg nicht trägt.

Sprichwort

Bewegung ist das Element des Pferdes und die Bewegung kommt aus der Hinterhand.

Gustav Steinbrecht

Heirate mich und ich werde mich nie wieder nach fremden Pferden umdrehen.

Groucho Marx

Ein gutes Pferd ist leicht sein Futter wert.

Sprichwort

Der Schmerz kommt zu Pferd, geht aber weg zu Fuß.

Frankreich

Dem Pferd und dem Manne traue nie: in gutem Trab werfen sie erst recht dich ab.

Sprichwort

Wildpferde leben in Herden; sie erkämpfen sich eine bestimmte Rangordnung, an deren Spitze der Leithengst steht. Auch Junghengste und Stuten erkämpfen sich auf der Koppel ihren Platz in der Herde.

Wolfgang Hölzel

Wenn ein Pferd nicht fressen will, dann werde ich nicht darauf spielen.

Richie Allen

Aus dem Esel macht man kein Reitpferd, man mag ihn zäumen wie man will.
Sprichwort

Pferderennen ist lebendiges Roulettespielen.
Roger Kahn

Hundert graue Pferde machen keinen einzigen Schimmel.
Johann Wolfgang von Goethe

Wie jeder Jockey hat auch er sein Fett weggekriegt: Es hat ihn mit Tempo 50 in Gräben geschmissen, man hat ihn mit dem Gesicht nach unten durch Weidenzäune gezerrt, Pferde haben ihn wie einen Fußball getreten und unter die Hufe genommen, die Steeplechasers sind gleich herdenweise über ihn weggerannt. Er hat Zähne verloren, Rippen und Schlüsselbeine gebrochen und viele Nächte in Krankenhäusern zugebracht.
über John Francome

Der Bote isst, während das Pferd läuft.
Korea

Hier ist Trakehnen. Hier im Osten des Reichs sind die vielen Gestüte, und Trakehnen ist das vornehmste. Aber nicht die Menschen haben den Pferden diese Scholle geweiht: wenn sie auch Ställe bauten und Weiden einfriedeten: die Natur selbst hat ihren Geschöpfen das Land als Heiligtum geschenkt und die Pferde haben es als ihren Besitz erobert.
Rudolf Binding

Steig, edles Ross, und bäume dich.
Justinus Körner

Manche sonst wohlerzogene Pferde haben im Stall ein ausgesprochen widerliches Benehmen. Statt sich so zu benehmen wie im Freien, legen sie die Ohren an, blecken die Zähne, heben ein Hinterbein in drohender Gebärde und zeigen das Weiße ihrer Augen.
Reginald S. Summerhays

Auch ein dreckiges Pferd findet den Stall.
Argentinien

Wenn das Pferd tot ist, kommt der Hafer zu spät.
Sprichwort

Wem das Pferd gehört, dem gehört auch der **Wagen.**
Russland

Die Liebe ist wie ein Schachspiel – die Dame gerät immer an **das falsche Pferd.**
Unbekannt

»Wenn einer **Pferdeverstand** hat, so versteht er eben ein Pferd«, erklärte Natz. »Er versteht nicht nur, was es spricht, er versteht sogar, was das Pferd denkt.« »Und unsere Rosa?«, fragte Jan. »Spricht unsere Rosa auch?« »Aber natürlich, mein Junge.« »Jetzt in diesem Augenblick?« »Jetzt sagt sie nichts. Sie frisst ihren Häcksel und denkt sich ihr Teil dabei.«
H.M. Denneborg

Die Wahrheit und ein schnelles Pferd

Ich soll Ihnen ein Pferd suchen? Für neun Pence? Heute? Am Neujahrstag bei strömendem Regen? Zwei Wochen nach der Pferdepest? Während die Hufschmiede streiken?
Blackadder

Dein Urgroßvater hieß Lester, sein Pferd Carl.
Estelle Winslow

Wer einst mit Müh' ein Pferd erklommen, und meint, dass er ein Reiter wär, so irrt sich der!
Sprichwort

Das Pferd wirft nur ein Füllen, aber es gilt mehr als zehn Hasen.
Sprichwort

Man muss sich an den Grundsatz halten, dass die Strafe immer nur der bösartigen Widersetzlichkeit gilt, aber nicht dem Pferd. Sobald die Widersetzlichkeit endet, ist es wieder unser gutes Pferd.
E. F. Seidler

Sag, was du denkst, aber reite ein schnelles Pferd.

Sprichwort

Aus des Armen Fohlen wird schnell ein Pferd und aus des Reichen Tochter wird schnell eine Braut.

Estland

Dressur ist mehr als eine Art zu reiten, es ist eine Lebensart.

Melissa Simms

Ein Glück, dass in den zehn Geboten nichts über das Reiten steht.

Sprichwort

Und Kies und Staub aufwirbelte dicht,
Herjagte Meut' und Mann,
Und ehe der Graf sich aufgericht',
Waren Ross und Reiter heran.

Theodor Fontane

Das Pferd sieht immer nach der Krippe.

Sprichwort

Zum Abschalten reite ich viel ins Gelände, hauptsächlich Schritt und ein wenig Leichttraben. Ein guter Nebeneffekt ist, dass sie auch mal andere Böden unter die Füsse bekommen und so trittsicherer werden. Dazu gehen wir mit den Pferden an der Hand spazieren.

Ulla Salzgeber

Der beste Freund eines Cowboys ist sein Pferd, und das kann ich euch beweisen.

Cowboylied

Guter Stil muss erarbeitet werden. Das Pferd springt nur, wenn man ihm Hindernisse hinstellt.

Josef Vital Kopp

Ein Pferd muss lernen, auf eigenen Füßen zu stehen.

Wilbur Post

In neun von zehn Fällen geht das zweite Pferd zuerst durch das Ziel.

Michael Caine

Zwischen Pferd und Mensch sehe ich keinen großen Unterschied.

Joe Madden

Bin gar ein stürmischer Gesell,
der Reiter ist der Wind;
und wo ein Röslein blüht zur Stell',
da wird es warm und lind.

Oscar von Redwitz-Schmölz

Übrigens: mein Pferd ist schneller.

Charles E. Boles

Jeder Fehler sollte gleich zu Beginn korrigiert werden, weil eine Lawine nicht gestoppt werden kann, weder in der physischen, noch in der psychischen Welt.

Otto von Monteton

Dem klugen Pferd ist ein einziger Schlag genug.

Rumänien

Sorgen reiten schnelle Pferde.

Marshal Anderson

Bellerophontes selbst, durch den Besitz des unsterblichen Flügelrosses übermütig gemacht, wollte sich auf demselben zum Olymp emporschwingen und, der Sterbliche, sich in die Versammlung der Unsterblichen eindrängen. Aber das göttliche Ross selbst widersetzte sich dem kühnen Unterfangen, bäumte sich in der Luft und schleuderte den irdischen Reiter hinunter auf den Boden.
Gustav Schwab

Dem Pferd schnallt man das Zaumzeug auf, der Mensch legt es sich selber an.
Jiddisch

Besser ein lahmes Pferd als ein leeres Halfter.
Sizilien

Das dumme Pferd an der Krippe sieht und frisst nicht.
Sprichwort

Und das Schwein schaut das Pferd an und sagt: Kumpel, mach' nicht so ein langes Gesicht!
Rocky

Derjenige aber, der die unerlässlich notwendige Bearbeitung des Pferdes übertreibt, der sie zum Selbstzweck erhebt, kann ein Pferd bekommen, das durch die korrekte Schönheit seiner Haltung und durch den Schwung der Gänge das Auge besticht; aber im Terrain ist es, weil unbeholfen, unzuverlässig; es hat verlernt, sich auf sich selbst zu verlassen, es ist dumm geworden; gar viele hervorragende Reiter gibt es, die den höchsten Triumph ihrer Dressurkunst darin erblicken, das Pferd zur Maschine gemacht zu haben, die an den Baum rennt, wenn sie der Lenker nicht sachkundig vorbeisteuert.

Ulrich Wille

Du solltest Pferd, Waffe und Weib niemandem anvertrauen.

Ungarn

Die dunkle Klage seines Munds: Ich will ein Reiter werden.

Georg Trakl

Er sucht sein Pferd und sitzt drauf.

Ungarn

Die offene Steppe, ein schnelles Pferd und ein Falke auf deiner Faust.

Mongolei

Der Reiter reitet durchs helle Tal,
auf Schneefeld schimmert der Sonne Strahl.
Er trabet im Schweiß durch den kalten Schnee,
er will noch heut' an den Bodensee.

Gustav Schwab

Es ist schwer, ein Pferd zu tränken, das den Kopf nicht niederbeugt.

Finnland

Mister, Sie können über mich sagen, was Sie wollen, aber ich muss Sie bitten, nicht in diesem Ton von meinem Pferd zu sprechen.

Frank T. Hopkins

Mit der Zunge schnalzen, das tut man, um das Pferd aufzuwecken, es zu sammeln und seine Aufmerksamkeit auf die stärkeren Hilfen zu lenken, die kommen werden, wenn es das Schnalzen ignoriert.

Theodor Heinze

Wenn deine Seele, eins mit der Kraft deines Pferdes, hinausgetragen in den Morgen und die Sonne, etwas anderes von sich sieht als die Unendlichkeit und das Glück, so begreift sie die Fülle des Geheimnisses nicht. Aber die Ohren deines Pferdes spielen am Rand dieser Unendlichkeit ihr Spiel …
Rudolf Binding

Du kannst dein Pferd leicht ans Wasser treiben, wenn es durstig ist.
John Heywood

Manch einer meint, er sei das beste Pferd im Stall, nur weil er soviel Mist macht.
Unbekannt

Mit Latein, Gaul und Geld ...

Goldene Zügel machen ein Pferd auch nicht besser.

Seneca

Ein guter Widerrist macht noch kein gutes Pferd.

Tschetschenien

Der eine lobte den Schweißfuchs mit der Blesse, dem anderen gefiel der Kastanienbraune, der Dritte streichelte den Schecken mit schwarzgelben Flecken, und alle meinten, dass die Pferde wie Hirsche wären, und im Lande keine besseren gezogen würden. Kolhaas erwiderte munter, dass die Pferde nicht besser wären als die Ritter, die sie reiten wollten, und forderte sie auf, zu kaufen.

Heinrich von Kleist

Ein wertvoller Mensch steht zu seinem Wort, ein wertvolles Pferd zu seinem Wesen.

Mongolei

Das Pferd kennt seine Stärke nicht.

Algerien

Die Paarungszeit des Pferdes fällt zwischen März und Juni. Die Tragzeit beträgt im Durchschnitt 336-337 Tage, also einige Tage über 11 Monate. Das Füllen wird sehend und behaart geboren und kann wenige Minuten nach der Geburt schon stehen und gehen. Man läßt es etwa 5 Monate saugen und entwöhnt es dann.

Alfred Brehm

Mit Latein, Gaul und Geld gelangst du bis ans Ende der Welt.

Marco Polo

Pferde sind wie Computer, je nachdem welchen Knopf du drückst, bringen sie dich irgendwohin.

Unbekannt

Auf dem Pferdemarkt verkauft man auch Esel.

Sprichwort

Lord Hamilton setzte beim Derby im Jahr 1867 die unglaubliche Summe von 60.000 Pfund auf Hermit und verlor.

Unbekannt

Sankt Jörg, du edler Ritter,
Rottmeister sollst du sein!
Bescher' uns schön Gewitter,
Tu uns dein' Hilfe Schein!
Reitergebet

Ein Beschäler kann sechs bis sieben Stuten ohne Schwierigkeiten beschälen, er muss aber fünf Jahre alt sein, und mehr als eine Stute am Tag ist ungesund.
Rossarznei aus dem Jahr 1750

Sei eins mit dem Pferd!
Unbekannt

Ein gutes Pferd sucht man im Stalle,
den Reiter daneben.
Sprichwort

Wenn du fliegen möchtest, wird es fliegen, kaum dass die Hufe die Erde zu berühren scheinen, ein schwebendes Gebilde aus lebendigem Stahl scheint dich zu tragen.
Rudolf Binding

Rösslein, Rösslein an der Wand, wende auf der Hinterhand!

Unbekannt

Wie wär's, wenn wir der untergehenden Sonne entgegenreiten würden, wir beide, und du dabei singen würdest, dass du ein armer einsamer Cowboy bist?

Jolly Jumper

Eine Grundregel:
Das Pferd muss Freude an der Arbeit haben. Ohne die werden weder das Pferd noch der Reiter jemals anmutig sein.

Antoine de Pluvinel

Ein wunderbares Pferd ist immer ein so schönes Erlebnis, dass Worte es nur verderben würden.

Beryl Markham

Altes Getreide, neue Butter, eine wohlerzogene Frau und der Rücken eines Pferdes, dies sind die vier Kennzeichen des Himmels.

Indien

Wie lange braucht man,
um ein Pferd zu trainieren?
Mehr Zeit als das Pferd hat.
Larry Mahan

Ob die Zügel in einer Hand oder in zwei Händen gehalten werden, spielt keine Rolle. Die Zügel müssen miteinander harmonieren und einander eng unterstützen.
Theodor Heinze

Wenn ein Fohlen seine Mutter verloren hat, kümmert sich die Herde um die Waise und man sagt, dass ein Fohlen in den ersten drei Tagen seines Lebens die Erde nicht mit dem Mund berühren kann.
Plinius der Ältere

Das Pferd läuft der Zügel wegen, springt des Hafersackes wegen.
Sprichwort

Der Pferdekenner weiß, dass so gut wie jedes Pferd von Natur aus schief ist.
Unbekannt

Wer Pferde entweder zu seinem **Nutzen** oder zu seinem **Pläsier** halten will, muss vorher genau einen Überschlag machen. Er muss prüfen, ob er soviel Einkünfte hat, dass er, ohne Schulden zu machen oder andere wichtige Ausgaben abrechnen zu müssen, so vermögend ist, dass er das Sommer- und Winterfutter aufbringen kann.

Ratgeber aus dem Jahr 1722

Pferde darf man **nicht verleihen**.

Italien

Das Pferd hat **252 Knochen.** Ich spürte sie alle an meinem Hintern.

Max

Morgen, da müssen sie reiten,
Mein Liebster wird bei ihnen sein.
Morgen in alle Weiten,
Morgen, da bin ich allein.

Reiterlied

Ich bin **stolz** auf mein Klassepferd.

Jose Santos

Wer aber seinen Pferden und seinem Wagen vertrauend, unverständig weit herumfährt hierhin und dorthin, dessen Pferde irren umher auf der Bahn und er hält sie nicht.

Homer

Das Pferd ist oft gescheiter als der Reiter.

Sprichwort

Da waren sechzehn Pferde genau vor mir, ein Riesenknäuel! Und das im größten und härtesten Rennen Amerikas ...

Shane Sellers

Nach dem Rennen hat er furchtbar gehustet, da stimmte etwas nicht.

Victor Espinoza

Das Pferd geht so wie es am Zügel gehalten wird.

Indien

Des Herren Auge füttert sein Pferd.

Sprichwort

Er kann es auf den Tod nicht ausstehen, wenn ihm der Matsch um die Ohren fliegt. Aber er ist ein gutes Pferd und ich glaube, er freut sich schon, nach Kalifornien heimzufahren.

Jose Valdivia Jr.

Sobald man die Pferde ausspannt, versorgt man sie mit Wasser, dann vermischt man ihnen drei Hand Weizen, zwei Hand Gerste und fünf Hand Heu.

Meister Kikkuli

Ich hatte da nicht viel Pferd unter mir.

Richard Migliore

Das Maul des Pferdes ist das Barometer seines Körpers.

François Baucher

Auch wenn ein Fohlen im Schweinestall geboren wird, ist es kein Schwein.

Sprichwort

Hoffentlich kommt er gut zurück.

Corey Nakatani

Drum, edler Hengst, frisch auf!
Und wenn die Welt voll Teufel wär',
Dein Weg geht mitten drauf.
Theodor Körner

Ich kann Ihnen genau sagen, was die Richter sehen wollen: einen eleganten Reiter, geschmeidig wie eine Gerte, der jedes Gramm von seinem Pferd reitet und so aussieht, als könnte er sich nichts Schöneres vorstellen, als genau hier auf dem Platz zu sein.
Helen Crabtree

Keine Stunde hielt es an,
Bis die Mühle borst in Trümmer;
Doch den kecken Reitersmann,
Sah man von der Stunde nimmer.
Eduard Mörike

Kein Geheimnis kann so tief sein,
wie das zwischen Reiter und Pferd.
Robert Smith Surtees

Er reitet schweigend und allein

Ich verdanke Pferden allerhand. Wenn ich auf dieser Welt alles hinter mir haben werde, würde ich mir wünschen, dass man mich mit einem Paar Pferde auf den Friedhof schafft. Ein Paar genügt. Den Kutscher bitte ich, die Pferde nicht anzutreiben, auf das sie schön bedächtig vorwärts schreiten. Die Peitsche soll er ruhig im Pferdestall vergessen. Ich will nicht, dass die trauernden Hinterbliebenen hinter mir keuchen. Ich will nur, dass es zwei Pferdchen sind. Ein weißes und ein schwarzes. Das verdiene ich mir. Ich habe nie in meinem Leben ein Auto, ja nicht einmal einen Fernseher besessen.
Jan Skácel

Ein gutes Pferd kennt seinen Reiter.
Sprichwort

Pferd hinter Pferd und Mann hinter Mann. So wird unsere Vorhut angreifen, während unsere Nachhut in Aaruna kampflos bleibt.
Tutmosis III.

Das Pferd leitet man an einer Leine,
den Mann an einem Frauenhaar.
Sprichwort

Ob mein Pferd im Stehen schlafen kann, interessiert mich nicht, was mich stört, ist, dass es auch im Laufen schläft.

Molly Santos

Auf dem Wagen stehend, lenkt der treffliche Wagenlenker die Streitrosse voran, wohin er immer will. Preiset die Macht der Zügel. Die Leitseile richten sich nach dem Sinn des Wagenlenkers.

Rig Veda

Wettkampfreiten sollte Reiten in seiner reinsten Form sein.

Charles de Kunffy

Es ist nicht genug, sich darauf zu verlassen, dass die Pferde gut angebunden sind.

Sun Tzu

Wer reitet so spät durch Nacht und Wind?
Es ist der Vater mit seinem Kind.
Er hat den Knaben wohl in dem Arm,
Er fasst ihn sicher, er hält ihn warm.

Johann Wolfgang von Goethe

König Kyros brachte seine edle Gesinnung auch in Notzeiten dadurch zum Ausdruck, dass er stets zuerst an die Versorgung der Pferde dachte, damit sie nicht hungrig seine Freunde tragen mussten.
Xenophon

Die Welt mit Reitkunst zu behexen.
William Shakespeare

Ich würde sagen, ein Sieg war möglich, aber nicht wahrscheinlich.
John Williams

Aufs hohe Ross setzen sich meistens diejenigen, die nicht reiten können.
Friedel Beutelrock

Die Karriere ist ein Pferd, das bisweilen auch gute Reiter abwirft.
James Baldwin

Ein guter Trainer kann ein Pferd sprechen hören, ein sehr guter hört es sogar flüstern.
Tom Petty

Wer ein Pferd kaufen will und nicht das Pferd selbst, sondern nur den Sattel und Zaumzeug betrachtet, ist ein Narr. Ein vollendeter Dummkopf aber ist, wer einen Menschen nach seiner Kleidung und äußeren Lebensstellung beurteilt.
Seneca

Das Auto hat das Pferd noch lange nicht verdrängt – oder kennen Sie ein Denkmal, auf dem ein Mann am Steuer sitzt?
Hans Günther Winkler

Das Paradies kann man nur finden auf dem Rücken eines Pferdes und in den Armen seiner Geliebten.
Aus dem Orient

Ein Pferd hat vier Beine und stolpert doch.
Frankreich

Ich will nun mit euch reiten,
wenn ihr's zufrieden seid,
Hundert Degen führ ich und mehre eur Geleit.
Nibelungenlied

Dass mir das Pferd das Liebste sei,
sagst du, oh Mensch, sei Sünde?
Das Pferd blieb mir im Sturme treu,
der Mensch nicht mal im Winde.
Unbekannt

Ich reit auf einem Rößlein.
herauf vom Ungarland,
und trag ein g'schnürtes Röcklein,
ein'n Hut mit hohem Rand.
Volkslied

Die goldenen Regel im Umgang mit Rössern ist, sich ihnen nie in Ärger zu nähern.
Xenophon

Immer sachte mit den jungen Pferden.
Sprichwort

Auch darf man den Körper der Tiere täglich nicht weniger abfrottieren als den des Menschen, oft ist es sogar von größerem Nutzen, dem Pferd mit geschlossener Hand den Rücken zu massieren.
Columella

Trenn dich nie von deinem Pferd
ohne Versöhnung.
E. F. Seidler

Draußen rufen,
fremde Reiter,
Durch die Nacht sich zu.
Schlaf, mein Kind, sie reiten weiter.
Kinderlied

Es reitet schweigend und allein,
Der alte Graf zum Wald hinein.
Er reitet über Stein und Dorn,
Zur Seiten schlendert Schwert und Horn.
Johann Nepomuk Vogl

Janne-Friederike ist viel zu früh abgesprungen.
Paul Schockemöhle

Es gibt da so einige Stellen,
wo man nicht weiß, was auf einen zukommt,
da wird es nur auf den Reiterinstinkt
ankommen.
David O'Connor

Frei wie der Wind

Im Auge des Pferdes liegt die Weite.

Iran

Hier draußen haust ein ganz absonderlicher Volksstamm: Die Leute vom grünen Rasen. Diese Menschenart lebt mit Pferden, auf Pferden, von Pferden.

Ludwig Engel

Der Reiter verfolgt das entlaufende Glück,
Er faßt's an den fliegenden Locken,
Und zwingt es zu sich auf den Sattel zurück,
Und umschlingt es mit wildem Frohlocken.

Nikolaus Lenau

Manchmal muss ein Pferd tun,
was ein Pferd tun muss.

Sprichwort

Um glücklich zu sein,
brauchst du ein gutes Gewehr,
ein gutes Pferd und eine gute Frau.

Daniel Boone

Das größte Glück der Pferde,
liegt in der Freiheit der Herde.
In der Freude am Laufen,
und am Fressen und Saufen.
Reiterweisheit

Weit ist das Reich, das den Pferden geheiligt ist.
Weit ist die Ebene, weit ist der Himmel.
Rudolf Binding

Der Wind des Himmels weht zwischen den Ohren des Pferdes.
Aus dem Orient

Ein Pferd zu reiten, ist den Himmel zu reiten.
England

Lasst mich nur auf meinem Sattel gelten!
Bleibt in euren Hütten, euren Zelten!
Und ich reite froh in alle Ferne,
über meiner Mütze nur die Sterne.
Johann Wolfgang von Goethe

Dieses Pferd ist nicht dafür gemacht, die Erde zu stampfen, es fliegt viel lieber durch die Luft und jedesmal wenn es abhebt, nimmt es mich nicht mit.
Unbekannt

Der richtige Cowboy war wie ein Wolf und frei wie der Wind.
Sprichwort

Auf den Zügeln stand der Schaum von den Rossen, die da schäumten, und sich mit gebogenem Hals in geschickten Händen zäumten.
Emil Schönaich

Der Blick eines Pferdes beunruhigt mich, er hat einen Ausdruck der Wachsamkeit, die jede Sekunde in Energie ausbrechen kann.
E. V. Lucas

Mit krausen Nüstern prüft das Ross die Luft, dann wiehert's mutig.
Christian Friedrich Hebbel

Gott ruht,
im Herzen der Steine,
atmet mit den Bäumen,
träumt mit den Pferden,
und erwacht mit den Menschen.
Indien

Und Allah nahm eine Hand voll Südwind,
hauchte ihm seinen Atem ein
und erschuf so das Pferd.
Koran

Bald jedoch schwindet Gelassenheit: Trab stellt sich ein, die Bewegung des Hintersichlassens, der Loslösung. Dein Pferd lacht vor Lust. Es ist keine Zeit mehr, sich umzuschauen. Es findet Ermunterung. Der Boden wird kraftvoll zurückgestoßen, als ob die Erde sich wie ein Ball unter dir drehen sollte.
Unbekannt

Ehre liegt in der Mähne des Pferdes.
Herman Melville

Des Pferdes Angesicht ist schön und klug,
es lauscht den Steinen,
hört den Blätterflug.
Es kennt die Tiere,
deren Schreie fallen,
im altem Wald, beim Lied der Nachtigallen.
Unbekannt

Siebzig Mädchen ritten wie Löwinnen in flammendem Eifer vor ihrer Königin auf das Feld.
Nisami

Das Gold der Zigeuner klimpert nicht. Es glänzt in der Sonne und wiehert in der Dunkelheit.
Sprichwort

Gott erschuf den Mann, dann überlegte er sich das Ganze noch einmal besser und erschuf die Frau. Als er dann einen Moment Zeit hatte, schuf er das Ross: Mut des Mannes und Schönheit und Anmut der Frau.
Brasilien

Als Gott das Pferd erschuf, sprach er zu seinem wunderbaren Geschöpf: Ich habe dich ohnegleichen gemacht. Alle Schätze der Erde liegen zwischen deinen Augen. Du wirst meine Freunde auf deinem Rücken tragen. Dein Sattel sei der Sitz ihrer Gebete, ohne Schwingen sollst du fliegen und ohne Schwert erobern.

Mohammed

Wenn man es am wenigsten erwartet, springt ein Füllen.

Portugal

Ein Pferd ist ein Ding von solcher Schönheit, man wird nie müde ihm zuzuschauen.

Xenophon

Das wahre Glück im Umgang mit Pferden besteht darin, dass es uns der seltenen Schönheit, der Anmut und dem Feuer näher bringt.

Sharon Ralls Lemon

Die Poesie des Pferdes liegt im Galopp.

Burchard von Oettingen

Neben ihr ist auch eine nisaische Stute gemalt, schwarz mit weissen Schenkeln und weisser Brust; sie schnaubt aus weissen Nüstern und hat an der Stirn eine kreisrunde Blässe. Edelsteine, Halsketten und allen üppigen Schmuck überließ Rhodogune ihrem Ross.

Philostratos

Pferde verleihen uns die Flügel, die wir brauchen.

Unbekannt

Reite, kleiner Reiter, reite,
Immer weiter, reite,
Dann lacht dir das Glück gleich!
Reite durch die Felder,
Reite, durch die Wälder, reite.
Bald hast du dein Ziel erreicht.

Kinderlied

Wie der Mut des Mongolen unendlich ist,
ist der Wert seines Pferdes unermesslich.

Mongolei

Ich reite, also bin ich – frei!

Sprichwort

Auf einem weiten Weg erkennst du die Kraft eines Pferdes.

China

Für mich sind Pferde und Freiheit zwei Wörter für die gleiche Sache.

Unbekannt

Wenn wir Liebe, Hoffnung, Träume meinen, dann sagen wir: Pferde!

Unbekannt

Die Wolken schienen Rosse mir,
Die eilend sich vermengten,
Des Himmels hallendes Revier,
Im Donnerlauf durchsprengten.

Reiterlied

Da hört ich in der Ferne was,
In dunkler, meilenweiter;
Ich legt's Ohr ans knappe Gras,
Mir war, als kämen Reiter.

Reiterlied

Wer die blühenden Wiesen kennt,
Und die hingetragene Herde,
Die, das Maul am Winde, rennt:
Junge Pferde! Junge Pferde!
Paul Boldt

Die Sonne sprengt die Pferde,
Frisch in die Frühlingsbahn.
Simon Dach

Der Nebel steigt im Fichtenwald,
Und rücket vor den Himmel.
Da reiten durch das Tal,
Da reiten vor dem Berg,
Einhundert blanke Schimmel.
Reiterlied von Hans Baumann

Dreimal fuhren sie mit den schönmähnigen
Rossen um den Toten und weinten.
Homer

Anmut ist der Schmuck des Reiters.
François Robichon de la Guérinière

Das Schicksal läuft schneller
als Pferd und Maultier.
Spanien

Wer nie im Morgensonnenlicht,
auf leichtbehuftem Pferde die Welt durchflog,
der kennt sie nicht, die höchste Wonne dieser Erde.
Sprichwort

Das Land in Neu Mexiko hat vielerlei Farben. Als ich ein Junge war, ritt ich oft über die rote und gelbe und purpurfarbene Erde westlich des Jemez Pueblo. Mein Pferd war ein kleiner Rotschimmel, schnell und mühelos zu reiten. Noch immer spüre ich die Bewegung meines Pferdes und höre den Klang seiner Hufschläge. Ich weiß, welch ein Gefühl es ist, an einem heißen August- oder Septembertag in eine kühle, erfrischende Regenwand hineinzureiten.
Scott Momaday

Sind der Heimat eingeschworen,
Sind dem Sattel schon geboren,
Und auf ewig ihm geschenkt.
Reiterlied

Wiehern ist menschlich

Geld, Pferderennen und Frauen, damit kommen die Jungs einfach nicht klar.

Will Rogers

Dein Pferd liebt dich nicht für dein Aussehen.

Afrika

Es spürt, wenn du glücklich bist,
Es spürt, wenn du dich wohlfühlst,
Es spürt, wenn du Vertrauen hast,
Und es weiß immer ganz genau,
ob du Möhren dabei hast.

Unbekannt

Pferde verändern unser Leben. Sie geben jungen Leuten Selbstvertrauen und Mut, sie geben uns Ruhe und Frieden und Hoffnung.

Toni Robinson

Wenn du es dir einmal eingefangen hast, dann wirst du es ein Leben lang nicht mehr los. Für diese Krankheit gibt es keine Medizin. Du wirst auch weiterhin reiten, selbst wenn man dich auf das Pferd binden müsste.

Monica Dickens

Pferde beleidigen dich niemals, außer,
wenn du Geld auf sie gesetzt hast.
Stuart Cloete

Gutes Ross macht Meilen kurz.
George Elliot

Sein Wiehern ist wie der Befehl eines Königs
und sein Kopf verlangt Demut.
William Shakespeare

Vertraue auf dein Glück,
aber binde dein Pferd gut an.
Norwegen

Männer bringen nur Unruhe und Stress.
Ein Pferd! Das ist ein gutes sauberes Tier!
Delilah Lee

Wir reiten und reiten und singen,
Im Herzen die bitterste Not.
Die Sehnsucht will uns bezwingen,
Doch wir reiten die Sehnsucht tot.
Hans Riedel

Ich schloß die Knie so fest ich konnte, riss mir die Perücke vom Kopf herunter und zog mich und mein Pferd am eigenen Haar aus dem Sumpf.
Baron von Münchhausen

Auf kleinen Pferden kann man auch reiten.
Sprichwort

Ich wünschte, mein Pferd wäre so schnell wie deine Zunge.
Unbekannt

Ich werde mich in ein edles Pferd verwandeln. Du reitest auf mir in die Stadt und verkaufst mich. Aber vergiss nicht, an einen Flimmeräugigen darfst du mich nicht verkaufen – und wenn du mich schon abgibst, dann nimm die Zügel ab, sonst kann ich mich nicht mehr verwandeln! Kaum hatte er das gesagt, da stand auch schon ein edles Pferd vor dem Bauern. Er setzte sich darauf und ritt los.
Russland

Man soll das Pferd nicht von hinten aufzäumen.
Sprichwort

Es ist wunderbar: Du bist bei den Pferden draußen und fühlst, wie sie anfangen, dich zu mögen. Manchmal, wenn ich zu meinem Hengst hingehe, reibt er seinen Kopf an mir, so als würde er alles verstehen.
H. S. Young

Ich liebte den kleinen Hengst Humorist wie ein Kind. In allen Rennen ritt ich ihn mit der größten Zärtlichkeit, der ich fähig bin. Es war seine **Liebe** zu mir, die ihn veranlasste, so mutig zu kämpfen und das größte Rennen der Welt mit nur einer intakten Lunge zu gewinnen, die sein unerschütterliches Herz nährte. Er war das **tapferste Pferd,** das jemals gelebt hat.
Steve Donoghue

Wiehern ist menschlich.
Cheryl Farner

Von allen Tieren ist allein das Pferd in der Lage, im Menschen ein **Gefühl** zu wecken, für das es keine Heilung gibt.
Bret Harte

Man muss klarmachen, wie seltsam es eigentlich ist, dass ein so mächtiges und intelligentes Tier wie das Pferd es erlauben sollte, dass ein anderes, viel schwächeres Tier sich auf seinen Rücken setzt.

Peter Gray

Das tut mir in der Seele weh, ihn auf einem anderen Pferd zu sehen. Wie sagt das Sprichwort? Cowboy, bleib bei deinem Sattel!

Jolly Jumper

Wenn du abends keine blauen Flecken hast, keinen Dreck unter den Fingernägeln und nicht mindestens ein halbes Kilo Sägemehl im Hemd, dann war es ein schlechter Tag.

Max

Pferdeverstand ist das, was Pferde davon abhält, auf künftiges Verhalten der Menschen zu wetten.

Oscar Wilde

Auf weicher Erde tritt ein Pferd häufig fehl, durch süße Worte verliert ein Mensch leicht den Kopf.

Sprichwort

Zu Pferde, sonst kommt uns der Morgen zuvor,
Dort fliegt schon die Glut in den Himmel.
Nun fliege auch du in das Morgenrot vor,
Mein Sturmkamerad du, mein Schimmel.
Reiterlied

Wenn ich jemanden darüber reden höre, wie dumm ein bestimmtes Pferd sei, dann bin ich immer ganz sicher, dass dieses Pferd den Kerl gerade ganz schön überlistet hat.
Unbekannt

Sich den Hals zu brechen, wenn man im vollen Galopp vom Pferd stürzt, ist eine sehr gute Art zu sterben.
Winston Churchill

Runter kommen sie alle, manche schneller.
Unbekannt

Das Pferd strauchelt auf vier Beinen, warum soll sich der Mensch nicht bei einem Wort irren.
Sprichwort

Ein weiser Mann sagte mir einst, dass ich drei Dinge nie vergessen werde: das Mädchen meiner frühen Jugend; den besten Lehrer und das schönste Pferd.
C. Mullen

Warum trägt eigentlich immer nur das Pferd den Cowboy und nie umgekehrt?
Jolly Jumper

Es ist durch die Träume junger Mädchen galoppiert, hat Frauen Freude gebracht und dem Mann in Krieg und Frieden gedient.
Toni Robinson

Wenn dein Ross gescheiter ist als du selber, der Reiter, so lasse dem Rosse die Zügel und halte dich nur im Bügel.
Friedrich Rückert

Ich bezahle meinem Psychoanalytiker nur Stall und Heu, und er hört mir dafür den ganzen Tag lang zu.
Sprichwort

Wenn man auf dem Pferd sitzt, braucht man so viele Hände wie ein Hindugott. Mindestens vier für die Zügel und zwei um das Pferd zu tätscheln.
Saki

Die einzige Anerkennung,
die ein Reiter anstreben sollte,
ist die seines Pferdes.
E. Beudant

Wie er so dahin ging und immer ein Bein vor das andere setzte, kam ihm ein Reiter in die Augen, der frisch und fröhlich auf einem muntern Pferde vorbei trabte. »Ach«, sprach Hans ganz laut, »was ist das Reiten ein schönes Ding! Da sitzt einer wie auf einem Stuhl, stößt sich an keinem Stein, spart die Schuh und kommt fort, er weiß nicht wie.« Der Reiter, der das gehört hatte, hielt an und rief: »Ei, Hans, warum läufst du auch zu Fuß?«
»Ich muss ja wohl, da habe ich einen Klumpen heim zu tragen, es ist zwar Gold, aber ich kann den Kopf dabei nicht gerade halten: auch drückt mir's auf die Schulter.«
»Weißt du was«, sagte der Reiter, »wir wollen tauschen«.
Hans im Glück

Das Pferd ist **dein Spiegel,**
es schmeichelt dir nie.
Es spiegelt deine Seele,
es spiegelt auch deren Schwankungen.
Ärger dich nie über **dein Pferd!**
Du könntest dich ebenso über deinen Spiegel ärgern.
Unbekannt

Sag mal, Reiter!

Ja, was ist?
Wie kommt's, dass du alleine bist?
Wo ist dein Pferd?
Ja, das ist so.
Verrat es nur!
Der Gaul macht grad das Abitur -
Auch nicht verkehrt!
Robert Gernhardt

Mut, Weisheit, Einsicht und Bescheidenheit, Mitgefühl und Liebe, all dies kann man von einem Pferd geschenkt bekommen.
Charles de Kunffy

Das brave, unvergleichliche Tier setzte an und schoss hoch empor. Einen halben Augenblick lang befand ich mich über der grauenhaften Tiefe. Ich ließ die Zügel schießen und warf mich nach hinten, so gefährlich und unsinnig dies auch erscheinen mag. Ich musste das tun, um das Vorderteil des Pferdes zu entlasten und nicht abgeworfen zu werden. Hätte ich mich nicht nach hinten geworfen, so wäre ich verloren gewesen; denn trotz der Unvergleichlichkeit des Rappen und trotz der Kraft, mit welcher er sich über den Abgrund schnellte, gelang der Sprung nicht vollständig. Rih fasste nur mit den Vorderhufen das Gestein.

Karl May

Der Sattel lässt nur Raum für zwei Emotionen: Sinn für Humor und Geduld.

John Lyons

Rossarzneien
und das Wesen der Pferde

Das Pferd muss wissen, dass ihm im Beisein des Menschen **nichts Böses** geschehen kann.

Christian Lamparter

Ich habe nichts dagegen, wenn Leute sich lieben, aber sie sollten es nicht **auf der Straße** tun, so dass die Pferde scheu werden.

Mrs. Patrick Campbell

Die Wissenschaft ist keine heilige Kuh, sondern ein Pferd. Man muss sie nicht anbeten, sondern füttern.

Aubrey Eben

Langweile dein Pferd nicht!

François Robichon de la Guérinière

Ein Pferd läuft mit den Lungen, hält mit dem **Herzen** durch und gewinnt mit dem Charakter.

Tesio

Wenn das Pferd tot ist: **Absteigen!**

Texas

Auch als Pferd kann man sich einsam fühlen.
Sprichwort

Der ursprüngliche Araber kannte weder Hafer noch fette Weiden, man zog die Fohlen mit Kamelmilch und gedörrtem Fleisch auf, später bekamen sie Hirse und Gerste.
Aus dem Orient

Pferde besitzen Hufe, die sie über Frost und Schnee tragen und ein Fell, das sie vor Wind und Kälte schützt. Sie fressen Gras und trinken Wasser und sie richten ihren Schweif auf, wenn sie galoppieren. Wenn sie vergnügt sind, reiben sie sich gegenseitig die Hälse. Sind sie zornig, machen sie kehrt und schlagen die Hufe gegeneinander. Das ist das wahre Wesen der Pferde.
Dschuang-Tse

Auch einem Pferde, das gut zieht, bestreicht man das Heu nicht mit Honig.
Karl Friedrich Wilhelm Wander

So ein Pferd einen bösen Huf hat, menge Salz und schwarze Schnecken, lass sie zergehen, temperiere diese mit alter Schmiere, Unschlicht und Wachs durcheinander und bestreiche dem Ross damit öfters das Horn.
Rossarznei von 1722

Die Pferde Germaniens zeichnet weder Schönheit noch Schnelligkeit aus. Sie werden auch nicht, wie bei uns, zu kunstvollen Wendungen abgerichtet; man reitet geradeaus oder mit einmaliger Schwenkung nach rechts, und zwar in so geschlossener Linie, dass niemand zurückbleibt.
Tacitus

Der Zaun ist Dekoration, auf der Pferde herumkauen können.
Unbekannt

Die Stute ist ein goldenes Gefäß: nur wenn man Gold hineinlegt, kann man wieder Gold herausnehmen.
Aus dem Orient

Wenn dein Gaul dampfig ist, nimm einen Ameisenhaufen, stoße den in einen Sack, tu ihn in einen Kessel voll Wasser, lass ihn wohl aufkochen und gib dem Pferd davon zu trinken.

Rossarznei von 1746

Zur Vollkommenheit der Ausdrucksform seines Könnens kann man das Pferd niemals durch Gewalt bringen, sondern nur durch ein fein abgestimmtes Wechselspiel zwischen Abschmeicheln und Abfordern, zwischen viel Lob und wenig Strafe.

Alois Podhajsky

Wenn man das Pferd zu der Haltung bringt, die es selbst annimmt, wenn es schön sein will, so macht man, dass das Pferd des Reitens froh und prächtig, stolz und sehenswert erscheint.

Xenophon

Es ist etwas besonderes, über einen Zaun zu setzen, man fühlt sich gut dabei: das Spiel, das Risiko – mehr brauche ich nicht.

William Faulkner

Wenn man reiten kann, darf man in der Ausbildung vom ersten Moment an aufs Pferd – deswegen würde ich auch jedem, der sich dafür interessiert, empfehlen, vorher ein paar Stunden zu voltigieren, und Dressur zu reiten.
Denn mit einem Pferd kann man sprechen, es reagiert auf Signale, die man ihm gibt, und wenn du die nicht kennst, tust du dem Pferd wahrscheinlich eher weh. Das Pferd weiß dann gar nicht, was der da oben will.
Andreas Helfenbein

Zu Pferd kannst du einfach so durch die Rinderherde durch und sie bemerken dich gar nicht, aber sobald du absteigst, wirst du zur Gefahr.
David J Myers

Ein Pferd rennt nie so schnell, als wenn andere Pferde auch mitrennen.
Ovid

Sprich immer langsam mit den jungen Pferden.
Unbekannt

Deine Zunge ist wie dein Pferd, hältst du sie eingeschlossen, so hütet sie dich, lässt du sie frei, so betrügt sie dich.
Unbekannt

Ich bin begeistert von Reitern, die Pferde gewaltfrei trainieren. Ich glaube, dass viele klassische Ausbilder diese Philosophie vertreten. Mein Konzept ist anders als das der traditionellen Reitlehre, aber man kann Pferde auch gewaltfrei trainieren, ohne meine Techniken zu verwenden. Kein Lehrer kann Informationen in ein sich sträubendes Gehirn zwingen.
Monty Roberts

Wie bringt man ein Pferd dazu sich zu wälzen? Putz es einfach richtig gründlich und lass es eine Sekunde unbeaufsichtigt.
Unbekannt

Du kannst ein Pferd nicht mit Schreien ausbilden und dann erwarten, dass es auf Flüstern hört.
Dagobert D. Runes

Der Hengst pflanzt sich zweifellos auch mit 30 Monaten fort, wenn er aber zufriedenstellende **Nachkommenschaft** hervorbringen soll, sollte das geschehen, wenn er aufhört Zähne abzuwerfen. Im Alter von viereinhalb Jahren wirft das Pferd keine Zähne mehr ab.

Aristoteles

Die Stände muss man gar wohl verwahren. Nachts darf man den Stall nicht ohne eines Knechtes Anwesenheit lassen. Man muss die Pferde alle Tage wohl **striegeln und kämmen** lassen und sie mit reiner Streu versehen, den Stall fleißig ausmisten, die alte Streu jederzeit des Morgens wegräumen, den **Stand sauberhalten,** des Tages etliche Male auskehren lassen, damit die Rosse jederzeit rein stehen.

Rossarznei von 1750

Pferdepflege: Die Kunst, Dreck vom Pferd auf die eigene Kleidung zu befördern.

Unbekannt

Index

STICHWÖRTER

AUTORENREGISTER